瑞蘭國際

瑞蘭國際

哼著旅行的曲，
在南日耳曼

讓風情各異的8個旅行樂章，
帶您深入一訪德國南部！

葉育青　著

自序

好友聽聞我要寫關於旅遊的書，很誠實地吐槽：「若要去旅行，我會去買旅行指南，誰要看妳密密麻麻的一堆字……。」

的確，我想大多數人去旅行也是如此：找旅遊指南所介紹的指標性景點，以及必訪的、必吃的、必買的……。沒錯，旅行或許是吃喝玩樂，但我想，旅行也是種態度——一種改變的態度；一種印證的態度；一種與自我相處的態度。因為人在安逸的環境下是不會激發潛能的，唯有改變，讓自己去印證那既定的觀念，並在旅行中好好與自己對話，才能找到那遺失的本質。也就是說，在這本書中我想傳達分享的，就是這種旅行的經驗。同時，也希望讀者們能夠認同，進而揹起行囊，來一趟追尋自我之旅。

德國很大，在德國旅行卻一點都不難。而這趟南德之行，讓我對德國完全地改觀。他們尊重人，敬重自然，是一種浴火重生之後的覺醒，讓人驚豔。

在這本拙作中，我希望藉由淺白的文字，把旅行中看到不同面貌的德國介紹給讀者，讓大家也能感受與眾不同的德國。

在此得特別感謝王愿琦小姐，因為她的全力相挺，才能使這作品萌芽。更要謝謝瑞蘭國際出版社的所有為此書努力的工作人員，沒有你們，這本書不會成型。

還有此次一起旅行的 Vivian、Teresa 和她可愛的兒子，謝謝妳們讓旅行充滿歡笑。

曲目

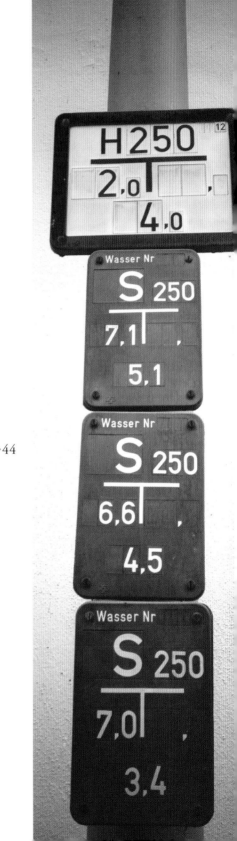

自序……2

序曲：你不懂我的美……6

第一樂章：赫德克（Herdecke）抒情曲……8
  第一小節：清新的早晨……10
  第二小節：溫馨的友情……17

第二樂章：科隆（Köln）彌撒曲……20
  第一小節：詠嘆科隆大教堂……22
  第二小節：禮讚百年餐廳 FRÜH……32
  第三小節：歌頌舊城區……37

第三樂章：呂德斯海姆（Rüdesheim）浪漫曲……44
  第一小節：纜車上的愜意……46
  第二小節：雲端中的葡萄園……53
  第三小節：斑鳩巷裡的低吟……58
  第四小節：萊茵河的餘音繞梁……66

第四樂章：法蘭克福（Frankfurt）協奏曲……74
  第一小節：中央車站會迷路……76
  第二小節：異國美食不放過……82
  第三小節：紅燈特區羞羞走……86
  第四小節：羅馬人丘暫停留……89
  第五小節：歌德大街大血拼……94
  第六小節：美茵河畔夜漫遊……98

第五樂章：富森（Füssen）小步舞曲⋯⋯102

　第一小節：陽光璀璨的故鄉富森⋯⋯104

　第二小節：童話世界新舊天鵝堡⋯⋯111

　第三小節：高處不勝寒的楚格峰⋯⋯127

　第四小節：仲夏精靈仙子艾比湖⋯⋯136

第六樂章：慕尼黑（München）變奏曲⋯⋯140

　第一小節：黑白啤酒喝不完⋯⋯142

　第二小節：瑪莉恩廣場逛不完⋯⋯147

　第三小節：香腸豬腳吃不完⋯⋯161

　第四小節：王宮博物館看不完⋯⋯168

　第五小節：寧芬宮富裕花不完⋯⋯186

　第六小節：BMW 體驗館玩不完⋯⋯195

第七樂章：羅騰堡（Rothenburg）嬉遊曲⋯⋯206

　第一小節：老城區小調⋯⋯208

　第二小節：圍城牆舞曲⋯⋯213

　第三小節：市政廳舞步⋯⋯216

第八樂章：班貝格（Bamberg）夜曲⋯⋯220

　第一小節：世界遺產──市政廳⋯⋯222

　第二小節：雷格尼茲河上的小威尼斯⋯⋯236

終曲：忘不了，你的美⋯⋯246

安可曲：注意這些你會玩得更自在⋯⋯248

序曲：
你不懂我的美

話說神在造人之後，想賦予各民族一些獨特的個性，於是祂打開寶物箱要他們自己選。拉丁人動作迅速拿走了熱情；法蘭斯人選了浪漫；盎格魯薩克遜人粗魯地搶走優雅；……最後剩下沉穩只好給了日耳曼人。

這是一般大眾對德國人的普遍看法。但是，沒來到德國，我們擁有的都是刻版的印象。殊不知在這個陌生的國度裡，卻處處有著令人驚喜、讚嘆不已的人文與美景，當然還有美食，與喝不盡的啤酒。

▼ 德國最高峰──楚格峰。

旅行在解渴
解一種放逐的渴
一種心靈的渴
一種無知的渴
那就率性地拿起背包行囊，
一起去旅行吧！！

▲ 聖高爾堡（St. Goar）當地餐廳。

Kiel ○

Hamburg

Schwerin ○

Bremen

Berlin

Hannover ○

Potsdam ○

Magdeburg

Herdecke

Düsseldorf ○

Erfurt ○

Dresden ○

Wiesbaden ○

Mainz ○

Saar-
brücken ○

Stuttgart ○

München ○

第一樂章
赫德克抒情曲

▲ 赫德克住宅區。

第一小節
清新的早晨

　　清晨的赫德克（Herdecke），有股靜謐的氛圍，一如德國人的內斂自省。

　　背著小包，踏著輕快的步伐沿著山坡慢慢走去，車站就在不遠處。

　　此處距離大城科隆（Köln）只有幾分鐘的車程，但是住宿的費用卻省了很多。作為自助旅行的經濟考量，的確是很棒的選擇。而且，小鎮有她的作息，這是跟旅行團不同的地方，可以真正領略到日常的德國生活。

▶ 光輕輕地，光默默地，
　喚醒大地。

▲ 光線好溫柔，爬上門牆。

▲ 寬敞的庭院，沒有圍籬，自行車隨便就放著，也不怕丟。

▲ 安靜的社區小道，安靜得能撫慰人心。

▲ 充滿色彩的意識，這是停車場。

在德國自助旅行，便利的鐵路系統是最棒的夥伴了（以下簡稱「德鐵DB」）。所以只要多做一些功課，就可以幫自己的行程安排妥當，因為德國人的一絲不苟，可是舉世皆知的。

出發前，按照自己規劃的旅遊天數、停留城市、轉換車種的站名逐一確認，所以一定要清楚自己的行程規劃。然後上德鐵DB網站^{註一}下載時刻表，確定好路線，再來決定票種，通常多做一些功課，不但可以讓自己的腦細胞充分運作，達到健腦的目的，此外，這樣一趟下來，還會覺得自己好像吃了大力丸，變厲害了。

由於德鐵DB的路網完備、票種多樣，可以依據自己的需要，購買最省錢的套票。建議計劃步驟：

1. 計劃好想要遊玩的地方
2. 圈出重點城市
3. 入住的城市
4. 釐清德鐵DB通行票與邦票的使用日期
5. 訂購票券

＊關於德鐵DB的車種：

ICE（Inter City Express）

高速火車，有如我們的高鐵，但因是寬軌，所以還有小包廂的座位。ICE有個特色，就是不像我們高鐵需要另外鋪設軌道，所以它跟一般的車種同一月台。因為方便迅捷，很適合自助旅行在各大城市漂移。車上的設備十分齊全，有餐廳，洗手間也是寬大舒適，當然票價也是最昂貴的。

▲ 沒有剪票口的德國火車站，只有月台。

▲ 車站的時刻表，可以很清楚地知道要搭的車子班次。

IC（Inter City）

一般快速火車，彷若我們的自強號。設備也跟 ICE 差不多，很適合長程旅行、但是荷包又不寬裕的選擇。

EC（Euro City）

與 IC 同等級，但是可以跨越國界到其他國家。我在慕尼黑時就搭此車種到奧地利的薩爾斯堡訪問莫札特的故鄉。

IR（Inter Regio）

像是我們的復興號，串連大型跟次級城市，停站少，速度也不慢。

RE（Regional Express）

區域型的短程車，好比我們的區間車，方便周邊城市進市區使用，票價也便宜。邦票亦可使用。

RB（Regional Bahn）

慢車，像我們的電聯車，每站停。邦票亦可使用。

S-Bahn & U-Bahn

類似捷運跟地鐵，行駛各大城市及其周邊郊區，是非常方便的車種。

林林總總，令人眼花撩亂，而且有的地方可以使用此車種，有的不行。這時對於我們這種外地人，一種救命的特效藥，就是德鐵 DB 通行證（**Rail Pass**）。它是由德鐵 DB 發行，適用於各種車種，唯有日期日數的限制，在期限限制內可以無限次使用。若能再搭上邦票（**Länder-Tickets**）的使用，如此一來在日耳曼真的可以高歌了。

由於德鐵 DB 通行證是針對外國人，所以在德國境內並不販售，必須先在本國國內買好。在台灣，可以上網查詢有哪些旅行社，先向有代理德鐵 DB 票務的旅行社購買。

哼著旅行的曲，在南日耳曼

▲ 德國火車寬敞舒適，火車停妥時，若未開門，可以按下旁邊的按鈕，車門即開。這個設計可是幫了我好多忙，如果行李多，行動不方便，可以請人按此鈕，只要車門沒關上，車子就不會開動，實在是很貼心的設計。

上了火車，只要有位置皆可自行入座。唯有 ICE、IE 因有劃位系統，所以搭乘此車種必須查看座位上方的座位牌是否有出現站名。若有，表示有人會在此站上車，如果你要下車的地點在此站之前，當然可以大方坐下，並不影響下一個乘客。

其實，我建議多找有外國人坐的車廂，這樣彼此很快就會攀談起來，因為好奇心人皆有之，髮色膚色的不同，自然而然就會勾起人們求知的欲望。這樣的自助旅行會充滿變數，你的視野也會有所轉變。

有次我低頭玩著數獨，隔壁座位的老太太興味盎然地看著，接著就跟我聊起來了，語言似乎已不再是重點，我聽不懂她的德語，她聽不懂我的怪腔怪調，但是微笑就能化解尷尬，最後她還跟我說等一下火車會經過科隆有名的愛情鎖鐵橋，但最常被問的是我從哪來的。有時語言不同時，善用肢體動作，也是溝通很棒的方式。

這樣一趟旅程下來，我對冷漠

的德國的刻版印象，一一在崩解，甚至聽久南方日耳曼軟性的腔調，居然覺得好聽得很，就像是結構嚴謹的艱澀樂曲被我解了開來，頓時豁然開朗，緊張的情緒，似乎離我漸漸遠去⋯⋯。

不過我也坐到過都是老一輩的紳士女士旁，不知道是不是礙於心態，彼此都是十分優雅的，不小心眼神交會，也都是用微笑化解尷尬。只能說，我覺得日耳曼民族的高傲似乎在南方是看不到的。

▲ 在 ICE 的火車上，有著六個人的座位包廂，旁邊靠窗的兩位帥哥請吃披薩，大家隨便聊聊，輕鬆得很（帥哥不愛拍照，我要尊重他們）。

註一
德鐵 DB 官網：
https://www.bahn.com/i/view/GBR/en/index.shtml
德國國鐵 DB 教戰守則推薦網址：
http://linpl72.pixnet.net/blog/post/144869002-2014-
http://www.backpackers.com.tw/guide/index.php/ 德國國鐵火車攻略
德國國鐵 DB 台灣發售旅行社：
新銳旅行社
http://www.sentravel.com.tw/train-german.asp
飛達旅行社
http://www.gobytrain.com.tw/Contact.aspx?view=MSN?utm_source=Yahoo&utm_medium=Presco
德鐵 DB 合作之飯店：
https://www.tripadvisor.com.tw/SmartDeals-g187275-Germany-Hotel-Deals.html
註二
邦票：德國分成十六個邦（其中柏林、漢堡、波昂是城市邦），如果旅遊景點都在同一個邦活動的話，就可以購買邦票了！

第二小節
溫馨的友情

▲ 沙夏（他是俄羅斯人）親切地畫著地圖，仔細地告訴我們車子如何搭；後方的 Pia 是吃素的，但她也跟著天南地北很開心地聊。

　　「天涯若比鄰」是旅遊最想望的境界。人在陌生的環境裡，緊張無助的情緒最明顯，若是能碰到伸出友誼的手，應該是幸福的一件事了。

　　我在赫德克認識了好多朋友，他們友善風趣，十分熱情地接待我，送我到住宿的地方、幫我找地圖、告訴我哪裡好玩，甚至離開時送我到車站……。這一切的真情流露，讓人更感受到溫暖。

　　大家來自世界各地，但又因緣際會聚在一塊，這是自助旅行的魅力之一。我喜歡這樣的氛圍，就算語言不通又如何，大家都是良善的，互相展現出人性美好的一面，這樣的磁場讓人感受到是溫暖的，是安心的。

　　建議大家可以加入沙發客[註三]的行列，這裡提供一個很好的友誼平台，就是將自己家的客廳沙發免費供背包客使用。而當你成為背包客時，他們也一樣免費出借自家的客廳沙發。這種互惠的原則，是你可

以認識很多異地的朋友，當然啦，你也可以盡地主之誼，介紹台灣的美給他們。

德國夏天的晚上，太陽下山得很晚，六點了，光線還是十分亮眼。

可愛的 Tim，早就生好了火，專心烤起肉來了。歐媽（德國人對奶奶的稱呼）說他最喜歡烤肉了，有客人來他一定 BBQ 招待。

那晚還有人帶啤酒來，大家一喝起酒感覺又親近些，當下就有人興致高漲地吹起口琴、搖起沙鈴、跳起舞來，一場即興晚會就此展開。

我帶著微醺的神情，面帶微笑地輕輕打著節拍，雖然時差讓我有些昏昏然，但是心情是愉悅的，這種快樂很特別，跟平常不相同。

南方的日耳曼民族似乎少了剛硬，多了一些溫柔、歡笑。

當月亮慢慢露出身影，已是夜晚十點多了。我們爬上入住的房間，木板釘的樓梯，發出嘎呦的聲音，夜晚的赫德克很安靜，安靜得連自己的心跳聲都聽得到。

樓下一樓的太太聽到聲響打開門，看見是東方人，馬上露齒歡迎我們，真是親切到不行！

▲ 傍晚時分，Tim 想用 BBQ 的方式接待我們。

▲ 沙夏和歐媽。

註三

沙發客網址：https://www.couchsurfing.com/

哼著旅行的曲，在南日耳曼

當清晨的光
　從窗台射入
　　我又將要展開新的旅程
每次
　總是帶著些許的依依
　　就如同
　　樓梯聲聲婉轉地慰留
　　留一段情　在異國
　　我也帶走一段美好的回憶

第二樂章
科隆彌撒曲

▶ 科隆大教堂的側邊。

第一小節
詠嘆科隆大教堂

▲ 仿若有著神庇護的科隆大教堂。

是怎樣的教堂可以蓋了八百年還在不斷地翻修？是怎樣的設計讓她成為教堂界裡的圭臬？又是怎樣的神奇的力量，讓她在歷代的戰火中不被波及？

是她，沒錯就是她，那個被人詠嘆的科隆大教堂（Dom zu Köln）。

這座偉大的教堂，有著完美的對稱設計。高聳入雲的哥德式建築風格，讓她在建造之時，就飽受時間的考驗。從西元 1248 年就開始動工，直到西元 1880 年才算大致完工，我

拜訪她的時候，那高高的鷹架似乎告訴我，她還沒梳妝打扮好呢！

來此的遊客多如牛毛，從出車站就可以感受到，但這樣也幫了我很多，不用找尋手中的地圖^{註一}，只要跟著人群行進的方向前進即可，那座尖塔已慢慢進入我的眼簾。

距離車站不到十分鐘的路程（其實只有五分吧，是人太多了腳步自動變很緩慢），教堂就位在萊茵河旁。沿途商家崢嶸，如果朝聖之心不夠堅定，定會誤入掃貨的深淵。

我慢慢跟著人群的腳步，空氣中除了各式各樣的香水味，那有著河流特有的暖濕潮騷的味道，也不時會飄進我的鼻腔裡；耳朵聽到的是有如八國聯軍般各國語言的嘈雜。

　　接近教堂時，旅行團的高分貝導覽，讓噪音更明顯了。但是，

註一
地圖：在每個車站的大廳旁，皆有旅遊詢問處可以詢問，有些地方的地圖是免費的，但是印刷精美的地圖卻是要付費的。

▲ 教堂大門，厚重的鑄鐵門，有著雄獅般的守候，隨著歲月流轉，無數人的撫摸，門環的光澤閃閃。

▲ 原本純白色的建築，因時光的延展而處處顯露出她的斑駁。

▲ 教堂內，有著造型優雅的管風琴。

哼著旅行的曲，在南日耳曼

▲ 貼花地板，拼圖繁複，光線跟著腳步慢慢滲入，卻又顯得如此高潔。

▲ 鑄鐵欄下，擺放的是信徒虔誠的奉獻。

巴伐利亞彩窗
　　　訴說著聖人的故事
神聖高潔璀璨
　　　領受著世人的仰望

▲ 鑄鐵的欄杆，有如對人行為的禁錮。

▲ 透過幸運草花型的窗櫺，可以望到舊城區。

▲ 很難想像這種褻瀆的行為會出現在此，然而，教堂又不做任何補救消除，這也顯出他們的大度。

當我抬頭看向教堂時，一切似乎失去了聲音，一種由心裡湧出的崇敬，不分宗教，不分人種，自然而然地，那種會把雙手合十在胸前的動作，若不是我的自制力太強，真的會出現。這真的是完美到令人屏息的教堂啊！

由於觀光客的人數眾多，所以必須把握登教堂塔樓的時間，不然等候的時間可是會摧殘人的耐性。排隊購票的地點在地下室，從外面的右側門樓梯走下，可以依自己的情況購票登高[註二]。

註二
售票處位在登塔樓口，有全票、優待票、大人帶小孩票、寶物室票、聯票，不一而足，可以確定好再購票。

▲ 「登高塔」是一件檢視人類體能的活動：首先要有良好的心肺能力，沒有懼高症，沒有暈眩症，再來是稍健康的膝蓋，最後就是堅強的意志力。

我繞著圓形樓梯，一層又一層，拾級而上，汗水也在快陷入昏迷時偷偷佈滿全身，到底有幾層啊？我根本沒來得及數，讓我重新再爬一次，謝謝啦！還是換你來體驗時記得算一下。

▲ 人家是大珠小珠落玉盤，這兒是大鐘小鐘吊滿樓。

　　終於，到鐘樓了。

　　聽說，這是可以跟巴黎聖母院鐘樓怪人媲美的地方。

　　當然，我也要朝聖一下。

　　但是，敲鐘的時間還沒到，要等嗎？

　　等待的時間，繞著鐘樓走一圈，吹吹涼風，眺望遠方，登高望遠，這可是人生哲理的境界。可是，還沒到頂呢！鐘樓不過是中間段稍高，我要爬到最高點，還得再努力一下。

▶ 這是神蹟嗎？是神給我的顯現嗎？爬到傳說中最接近天堂的地方，轉身一看，那個從窗櫺洩下的日光，投射到牆上的聖人身形，我幾乎要感動到落淚了。

走下塔樓，再次沐浴在陽光下，我回頭看向教堂，那種巍峨的壯麗，真要感謝當時帝國的強盛，以及工藝的精湛，才能讓我有幸目睹。

若說此生有哪些必訪的教堂，我想科隆大教堂絕對可以列名其中。

▼ 設計奇巧，造型繁複，拱廊跟窗櫺是美麗的句點。

科隆大教堂 小檔案

①1248 年 8 月 15 日，教堂在科隆大主教 Konrad von Hochstaden 的主持下開工動土。建築為哥德式，由建築師 Gerhard von Rile 以法國亞眠的主教座堂為藍本設計。興建從西元 1248 年到 1880 年，中間因政治、戰爭因素，蓋蓋停停，才會延宕如此之久。

②放下象徵性完工基石的是，當時的普魯士國王威廉一世。

③聯合國教科文組織於西元 1996 年將其列為世界文化遺產。

④與巴黎聖母院大教堂和羅馬聖彼得大教堂並稱為歐洲三大宗教建築。

⑤科隆大教堂因為設計完美，所以可看性極高，其中塔樓一定要爬上去，鐘樓壯觀，東方三聖人的金聖龕、最古老巨型聖經、比真人還大的耶穌受難十字架都是必看經典。

貼心 小提醒

①從台灣到德國，不管從哪個機場入關，都有直達的德鐵 DB 到科隆。

②科隆當地也有很多背包客入住的小旅社，且會在車站攬客，良莠不齊，請小心為上。

③請依據自己旅遊的天數，來安排在科隆的行程。

④科隆十大推薦餐廳網址：

https://www.tripadvisor.com.tw/Restaurants-g187371-c21-Cologne_North_Rhine_Westphalia.html

科隆十大推薦景點網址：

https://www.tripadvisor.com.tw/Attractions-g187371-Activities-Cologne_North_Rhine_Westphalia.html

⑤德國人注重隱私，要拍照之前最好詢問對方，像此處售票的職員表情嚴肅地對我舉出 NO 的姿勢，那我就要適可而止，不可逾越界線。

⑥教堂裡的禮品店販賣的紀念品製作比較精美，雖然價錢也較高，但比起外頭商店街販賣的，質感實在是好太多了，不管是送人或是留作紀念都不會後悔。

　　話說「食、衣、住、行」，食乃列人的基本需求之首。而在科隆大教堂這頂級的觀光勝地，又怎麼可以沒有美食作陪呢？

　　從科隆大教堂的正門左側，繞過一群色彩斑斕的小攤帳篷，FRÜH 就位在鬧中取靜的小巷口。

　　盛夏的歐洲，只要有個遮陽的地方，那就是最舒適的休息地。我當然要入境隨俗一番，絕對不進餐廳內用食，而要坐在外頭，享受這天然的陰涼。說真的，坐在餐廳裡，沒有空調，

▶ 餐廳 FRÜH 的招牌。

▲ 這是淑女喝的淡啤，有著淡淡的甜香，很好入口。　▲ 這家是有著 111 年歷史的餐廳。

▲ 香香的燉蔬菜，淋上濃濃的起司醬，意外地順口。

▲ 鱸魚冷盤，這是夏天才有的，對於喜愛熱食的東方人，可能接受度要再放寬一下。

▲ 這道看起來讓人覺得普普的德式烤香腸，卻意外地好吃，搭配旁邊軟香的馬鈴薯，堪稱人間美味。

悶熱晦暗（德國人的環保意識很高，絕不隨便開冷氣，也不大白天就開滿燈），遠不如戶外用餐的舒適。

我在外頭等了一陣子，終於有位子，只等侍者用眼神暗示我可以入座。在此，我必須告知鄉親們，歐洲人喜歡有禮貌的行為，所以千萬不要自己入座，不要大聲吆喝，不要有放肆的動作。如果你對於座位有任何不滿，可以等侍者來到時輕聲說出自己

的訴求，當然舉個手讓他們看見你也是不耐等的方式之一。

坐好位，整理一下行囊，就乖乖等著侍者送上菜單、餐具。當然，在夏季，你可以先來杯啤酒（這期間我每餐必點，德國啤酒真好喝，尤其是黑森林區更是美味），然後慢慢觀看菜單，選定自己需要的餐點，再示意侍者要點餐了。

如果侍者本身是熱情的（你可以

▲ 烤春雞，香甜皮脆，一咬下就爆汁，瞬間秒殺。

▲ FRÜH 的大門。

從他的臉上笑容判讀出），可以請他介紹店裡的招牌菜。

　　FRÜH 不愧是百年老店，店裡有著自釀的香甜啤酒，更有美味到讓人食指大動的餐點。侍者臉上洋溢著對自家餐點的信心，一邊說一邊指著餐點，然後我也一邊點頭一邊說 OK。

　　就這樣滿滿的一桌餐點就端了上來，隔桌的老外一定會覺得這群黃種人瘋了，但等到他們看到我們全吃下肚，又給我比了大拇指，我也送他們滿意的微笑。

▲ 要走下美美的六角迴旋梯到地下室，才能拜訪 FRÜH 極有特色的洗手間。

▲ FRÜH 的內部吊燈，也是有歷史的。

當然，費用也是挺嚇人的，但是我一路儉省，不就是要用美食來犒賞自己嗎？

這一餐，就這樣帶點優雅（我懷疑），帶點慵懶，目光遠處是高聳入雲的科隆大教堂，耳邊聽到的是隔壁餐廳流瀉而出的古典音樂，慢慢感受這難得的氣氛，直到夕陽西下，這樣的享受是無價的。（記得小費還是得給，會有特別的服務喔！）

▲ 酒吧的侍者，動作純熟，零缺點的接軌，啤酒就這樣一杯一杯藉由那可愛又實用的餐盤送到客人面前。

FRÜH
小檔案

①FRÜH 是由 Peter Joseph Fruh 創立，品牌全名是 Colner Hofbrau Fruh。

②ADD：
Am Hof 12-18 50667 Koln

③Telefon：0221 / 2613-0

④官方網站：
http://www.frueh.de/

⑤每份餐點的價位大多介在 8 ～ 15 歐元左右，再加上飲料費用大約要 20 歐元。

▲ 太陽一下山，就點燈，氛圍瞬間轉換。

第三小節
歌頌舊城區

▲ 色彩繽紛的舊城區，上頭還有建造的年份。來到科隆絕對要逛的就是她的舊城區，只要常看德國的明信片，一定都會有這七彩的建築。

此處跟購物街的商場不同，多的是設計輕巧到會愛不釋手的手工藝店。這裡也比較貼近當地人的生活，廣場上的噴水池常有小朋友在此嬉戲。

雖然，仍有不少觀光客拿著相機穿梭其間，但比起現代商店街上的摩肩擦踵，自然是舒緩許多，逛起來，

店員的接待品質也相對提高。

舊城區的範圍散落在科隆大教堂周圍，只要有時間慢慢走，轉個彎就會看到不一樣的街景。

走在舊城區的綠蔭下，有如一道夏日涼品，身處其中，暑熱頓時消散，這時再來一杯香醇的咖啡，則更增添旅遊的品質。

▶ 舊城區的街道，處處有綠蔭。

▲ 在科隆大教堂外的噴水池，小朋友跳進去開心玩水。

▲ 逛老街時，也要不時抬頭望望，因為德國人的幽默藏在細節裡：你會發現那多出的牆桅，聖母瑪利亞正照看著你呢！

▲ 綠色門加上黃銅扣是最棒的搭配。

▲ 新生代畫家的工作室，不能拍照，只好從窗外攝取。

老街上的物品，總是在述說著生活的歷史：油漆斑駁的大門，卻有著閃亮的古銅把手；方格窗裡，有著藝術家努力創作的身影；磚石板，凹凸地承受著生活的壓力；牆邊的鑄鐵路燈，也是努力地、不畏風雨地堅守崗位。

老街的故事說不完，而且繼續上演著，就等著你來入鏡！

▼ 這樣的悠閒適合老城區。

哼著旅行的曲，在南日耳曼

▶ 鯨魚造型的路燈。

▲ 德國有名的小熊軟糖，特別推出餐飲系列的送禮款式。

▲ 舊城區的酒商店，琳瑯滿目，專賣各國好酒。

▲ 釀酒廠牆上有趣的浮雕，能讓修士跟神父都忘形的酒，應該是很棒的吧？這也是德式幽默。

▶ 德國私釀的啤酒廠。

▲ 舊城區的小酒吧。

舊城區的風格，讓人流連忘返；FRÜH 的美味，回味無窮；最後再藉由 Starbucks 櫥窗的倒影，跟科隆大教堂說再見了！

▲ Starbucks 的櫥窗，擺滿德國各大城的城市杯。

Kiel

Hamburg

Schwerin

Bremen

Hannover

Berlin

Potsdam

Magdeburg

Düsseldorf

Erfurt

Dresden

Rüdesheim

Wiesbaden

Mainz

Saar-
brücken

Stuttgart

München

第三樂章
呂德斯海姆
浪漫曲

▲ 呂德斯海姆的餐廳。

第一小節
纜車上的愜意

呂德斯海姆

萊茵河上的珍珠
夢幻中的國度
葡萄園裡的甜蜜
遊輪上的浪漫

▲ 纜車的廣場。

　　選擇呂德斯海姆（Rüdesheim）
作為旅行的停靠站，就是因為她具
備著如此多樣的元素。這次難得的
火車誤點也給我碰上了，比原先預
計到達的時刻整整晚了兩個小時，
等找到旅館放好行李，距離纜車關
閉時間只剩沒多少時間了。

　　沿著斑鳩巷（Drosselgasse）往
上走，沿途都有指標（街道太美，
很容易一時分心而忽視），所以纜
車的據點很快就能找到。

　　纜車也有單趟跟來回票可以選
擇，我選上山的單趟，然後走路下
山，欣賞沿途風景。

▲ 在歐洲這種飲水裝置很多，我都是不客氣裝來
喝，因為在德國環保意識很高，一般飲料都很
貴，所以這種自來泉，幫自助的我省很多。

呂德斯海姆的纜車是構造很簡單的類型，基本上只能搭載二人。乍看之下，有點不牢靠的感覺，坐上去還會搖搖晃晃，讓人心驚膽跳。

我因為時間很趕，所以就買午餐在纜車上吃，剛好雨絲穿過車窗飄了進來，這樣反倒另有一番情趣。

纜車最早也因為葡萄園而無法設置，但呂德斯海姆發展太快，於是觀光纜車只好採用低污染、無噪音的標準，如今我們方能輕鬆搭乘，居高臨下一覽美景。坐在纜車上，雨絲搭配著土耳其捲餅，真的是一冷一熱，冰火雙重享受。

▲ 感覺很兩光的纜車。

▲ 纜車像小蜜蜂般穿梭在葡萄園上。

▲ 排列整齊的葡萄樹，像一群雄糾糾的士兵。

當纜車慢慢升高，視野也漸漸開闊，整個萊茵河畔區的葡萄園進入眼底，這樣居高臨下，一種因緊張而繃緊的情緒，慢慢舒緩了下來。

當人被放在一個獨處的空間裡，她的思緒可是可以飄得很遠的。

這種完全沒有目的的思緒，說白點就是放空。

「放空」，這是多麼奢侈的事啊！

我甚至都有要長嘯的衝動，終於能體會魏晉南北朝那些文人的心境，能夠把心中所有的想望都化成

▲ 從纜車上向下望，葡萄園就在眼前，一伸手，好像就可以摸到。

這種發洩的方式，只能說古人太有才了。

　　纜車的終點站是尼德森林公園（Niederwalddenkmal），上方有座紀念碑，是為紀念普法戰爭普魯士奪回此地的事蹟，碑上還有歷史課本上那著名的德皇威廉一世跟宰相俾斯麥的名字。說歷史太硬了，還是轉身看看美麗的花海吧！

▲ 隨著高度升高，萊茵河也慢慢映入眼簾。

▲ 山坡上布羅姆斯堡（Brömersburg）是最壯觀的建築物也是很醒目的目標。

▲ 遠眺令人心胸開闊。

▲ 看著小女孩的笑容，讓人心情更好。

▲ 雖然是盛夏的八月，但是雨絲帶來的詩意，讓花海的顏色也鮮艷起來。

①呂德斯海姆因在萊茵河谷地，氣候跟地形非常適宜種植葡萄，所以這裡的葡萄園跟酒莊特別多，當然酒館也多，素有酒城之稱。

②前往呂德斯海姆，可以搭乘鐵路到呂德斯海姆站，或是搭遊輪到呂德斯海姆碼頭。

③呂德斯海姆的飯店：

https://www.tripadvisor.com.tw/SmartDeals-g187345-Ruedesheim_am_Rhein_Hesse-Hotel-Deals.html

④呂德斯海姆的景點：

http://www.backpackers.com.tw/forum/map.php?discover&gtype=spot&gid=13124

---

①有酒喝，必有鬧事者。有時是喝過量，起酒瘋；有的，則是要劫財劫色，要小心。如果好奇心重靠近看，隨身財物就要注意。總而言之，若有鬧事聲起，避而遠之為上策。

②新鮮的葡萄酒，香甜清爽，忍不住就會喝多，建議先從酒精濃度低的喝起，也不要混著喝，尤其是調味酒，勿貪杯。

③在斑鳩巷附近的酒館，販賣對象多為觀光客，安全性高，價位當然也不低。

④酒莊會有不定期的試飲會，尤其是葡萄豐收的季節，更是各個酒廠必推的活動。

⑤呂德斯海姆必遊：搭纜車，欣賞尼德森林公園花海；遊斑鳩巷，暢吃美食；登布羅姆斯堡，了解葡萄酒歷史。

第二小節
雲端中的葡萄園

記憶中曾看過基努‧李維主演的《漫步在雲端》，那個在仲夏夜為了驅趕蚊蟲用大蒲扇搧煙來燻的浪漫畫面。

現在我就站在如此類似的場景中，只是少了男主角來陪伴，不過呢，人的腦袋好使得很，想像嘛！依然可以有浪漫的感覺喔！

▼ 走在比我高的葡萄園中，好像走進迷宮一般。

▲ 尚嫌稚嫩的葡萄。

八月初，葡萄還沒完全成熟，但以照片的情況推演，約略可以看出今年應該會豐收吧！雖然說葡萄酒還是要法國香檳區的才好喝，但是，我喝了好多當地酒莊自釀的酒，也許還不到香醇有後勁，可是清新香甜卻是令人驚喜。

酒莊的規模比不上法國的普羅旺斯，但是有了城堡模式，氣勢上就贏了。

▲ 布羅姆斯堡位在斑鳩巷的尾端，跟著指標走，很快就看得到。

▲ 這樣擺個大酒桶，種上花，就可以當作是葡萄園的大門，真是簡單又美麗。

▲ 老天真不公平，連路邊野草的小花都開得如此可愛。

從山上慢慢走下來，一邊哼著不成曲調的歌（當然是浪漫濫情的），一邊看著葡萄田園風光。

雨絲慢慢收起她的包圍網，太陽閃爍著想要突出重圍，氣溫好像熱了起來，這南德的仲夏，天氣似乎跟咱們台灣還有點像。

雨過天青，讓我聯想到北宋的汝窯，這裡的天空跟宋徽宗那時抬頭看的是否一樣呢？

▲ 遠處望過去，就是萊茵河曲流的一段，這段也是萊茵河最美的部分，我很期待接下來的遊河行程。

▶ 這樣的指標，不抬頭看，
還以為是電線桿。當然
這也是方便走在葡萄園
裡時能辨別方向，指標
太低的話，以我的身高
準找不到，就在裡面團
團轉好了。

▲ 走下來，靠近大路旁才出現這種防君子不防小人的欄杆，怕是夜晚車子不識路，而撞了進來，也怕路
人順手牽羊吧？

▲ 走累了，就進來露天的葡萄園餐廳喝個咖啡，休息一下。

▲ 可愛的招牌。

　　長長一段山路，這樣慢慢走下
來，又是拍照，又要唱歌，還得發
發思古之幽情，還好夏天歐洲的天
晚得慢，不然像我這樣可能走到月
亮出來都還沒下山。

　　一大片的葡萄園看不到幾個
人，偶而會碰到三三兩兩的觀光客
走在其間，我想，是不是要等到葡
萄成熟時，這裡才會有滿坑滿谷的
採收人員，那又是怎樣的有趣景象。

第三小節
斑鳩巷裡的低吟

　　來到呂德斯海姆最大的驚奇應該就是斑鳩巷了，小小窄窄的入口，一不注意就會被忽略。

　　還好頭頂那高高的招牌，一對斑鳩的形象，昭告旅人此處無誤。

　　沿著石磚路走進巷內，時光彷彿倒回中世紀。兩旁是裝扮精緻古典

的店面，路上還不時有穿著當時服裝的少女穿梭其間，這就好比晉朝武陵人走入桃花源一般，令人感到十分驚奇。

　　斑鳩巷巷內蜿蜒曲折，巷中有巷，走沒幾步又會出現別有洞天的小廣場，真要細細逛的話，可需要一番

▶ 斑鳩巷的入口處，鐵柱招牌有兩隻斑鳩。

▲ 穿著德國傳統服飾的少女。

體力。但是，一路上精緻的小店、特殊的紀念品、多樣的餐廳……，絕對會讓人流連忘返。

不過，似乎了解旅人的需求，這裡也有小型的觀光導覽車子，造型可愛小巧，如果腿力不支，可以考慮搭乘。

但還是建議來此地，一定要親自穿街走走，這樣到斑鳩巷才有意義。

斑鳩巷有好多特色餐廳，幾乎都有百年的歷史，其中還有各酒莊精釀的酒，紅葡萄酒、白葡萄酒、香檳、甜酒……。只要酒量好，隨你喝到飽。

▲ 斑鳩巷內的酒館。

▲ 這個招牌的下方寫的是簡體的中文，大陸客已經轉戰到此了嗎？

▲ 觀光導覽車，一般是給觀光團，但是也可以現場碰碰運氣，購票上車。

▲ 德國特殊的門牌。

哼著旅行的曲，在南日耳曼

▲ 轉個彎，路就往下了，下面
又是另一番世界。

▲▼ 斑鳩巷內的各式酒館，來客可以選擇自己喜歡的店家入座暢飲，店門口皆有擺放菜單與價錢，不會耍人當冤大頭。

晚餐的地點是在西元 1727 年就開幕的餐廳「Drosselhof」，有著當時最流行的樂團駐唱和舞池。此種風格吸引著大量的顧客，所以被附近的餐廳競相抄襲，但畢竟是創始店，我還是挑選她來慰勞我的五臟廟。

店內裝潢是標準的紫色系統，從餐紙、餐巾到店員服飾，都是紫色，甚至上來的餐點也都有淡淡紫色的元素，那道紫色的甜菜根更是好吃到不行。

▲ Drosselhof 是班鳩巷的代表性餐廳。

▲ 餐廳戶外區明顯地比室內來得棒，好多人都選擇坐在此。

▲ 點餐前，先點飲料似乎是不成文的規矩。　　▲ 野菜蔬食麵。

　　這一餐吃得很晚，因為除了餐廳的吉他二重奏可欣賞，隔壁的鐘樓還會在整點的時刻表演，有些客人興致一來就在舞池跳起舞來（這裡詢問過服務生，不可以拍照）。

　　走在斑鳩巷，簡直就是《哈利波特》中斜角巷的實境版，彎曲如絲網的巷道層層疊疊，招牌各展其與眾不同的推銷術，像童話故事中的房舍，像電影畫面的場景，像愛麗絲夢遊仙境般，我也分不清是夢是真。

　　華燈初上，夜晚的斑鳩巷愈顯熱鬧，餐廳裡不時傳出歌聲、歡笑聲，我踏著微醺的腳步，走回下榻的飯店。

哼著旅行的曲，在南日耳曼

▲ 甜菜根佐牛肉。

▲ 華燈正艷的斑鳩巷。

▲ 蓄勢待發的鐘樓。

斑鳩之家（Drosselhof）
小檔案

① 斑鳩之家在斑鳩巷中間，非常
好認，鐘樓就在其附近。

第四小節
萊茵河的餘音繞梁

▲ 這是我搭乘的船隻，屬中型大小，只有餐廳，沒有住宿的房間。

　　萊茵河（Rhein） 和 多瑙河（Donau），是貫穿整個歐洲大陸的大河，其中萊茵河流域更是歐洲的最精華。

　　萊茵河流域區域廣大，搭遊船往來萊茵河成為近來十分熱門的玩法，整條萊茵河皆遍布著碼頭可以停靠岸，若把河流想像成鐵軌，那碼頭就是停靠站，所以只要選定要上船的碼頭跟下船的碼頭就可以訂購船票[註一]。

註一

萊茵河遊船公司：
1. KD 遊船公司 https://www.k-d.com/de/
2. Röesslerlinie 遊船公司 https://www.webwiki.de/roesslerlinie.de

▲ 天氣好時，不怕風吹日曬，就可以選擇在船艙甲板上飽覽風景。

▲ 可供拍照的方向舵。

▲ 遊船的機艙室，可以看到渦輪機運轉的情形。

　　這也是我們選擇呂德斯海姆的原因，因為她是火車跟碼頭都有的停靠點。

　　至於船班的選擇，就依據自己的行程來決定，此外，船隻的規模大小、設備和你航行的距離，也是決定船票的票價的因素。

　　中型船上的設備，一應俱全：室內用餐座位寬敞，室外甲板上視線寬闊，船艙還有小型的博物館介紹萊茵河上遊船的歷史。

　　船上使用的動力渦輪機，聲音小，沒有刺鼻的柴油味，而令人擔心會暈船的情形，也因船行平穩而不復

▲ 沿萊茵河谷的山坡地，大大小小的城堡多如牛毛。

發生。我艙前艙後、左舷右舷跑來跑去，為觀賞美景，真是忙得跟蝴蝶沒兩樣。

萊茵河流域到了中段，河速減緩，穿行在河谷間，曲流變多了，一般來說是兵家必爭之地，所以兩側的古堡、城牆、塔樓、教堂特別多。原先大多廢棄，只因近年來懷舊風興起，於是在當地政府大力整頓下，有的開放成為博物館，有的當成民宿，提供旅人住城堡的體驗。

▲ 萊茵河畔的旅社與餐廳。

經過一連串的讚嘆，這才能靜下心慢慢坐下來欣賞著兩岸風光，如果不是特別了解搭乘船隻的烹飪技術，需要坐在餐廳享用美食，我建議不妨準備好餐點帶上船，坐在甲板上，一邊觀賞風景，一邊吃著美食，真可謂人間享受啊！

由於古堡眾多，大可以選擇購買一張「城堡聯票」，便可以參觀十座萊茵河畔最重要的城堡，且只要在其中任何一座的旅遊中心購買即可，有效期兩年。

▲ 聖高爾（St. Goar）碼頭。

這十座城堡分別為：（由上游而下）

碼頭	城堡
呂德斯海姆（Rüdesheim）	布羅姆斯城堡（Brömserburg）
德雷丁斯豪森（Trechtingshausen）	萊茵石城堡（Burg Rheinstein）
尼德翰巴赫（Niederheimbach）	速角城堡（Burg sooneck）
考布（Kaub）	普法爾茲伯爵石城堡 （Insel Pfalzgrafenstein）
聖高爾（St. Goar）	萊茵岩城堡（Burg Rheinfels）
柏帕爾德（Boppard）	柏帕爾德城堡（Burg Boppard）
布洛巴赫（Pueblo Bach）	瑪克斯堡（Markburg）
萊斯坦（Lahnstein）	藍角城堡（Lahneck）
柯布林茲（Koblenz）	高貴岩宮殿（Schloss Stolzenfels）
柯布林茲（Koblenz）	埃倫布賴特施坦因要塞 （Festung Ehrenbreitstein）

▲ 聖高爾雷斯豪森斯的餐廳。

　　我選擇搭船從呂德斯海姆到聖高爾雷斯豪森斯（St. Goarshausen），因為這中間有個古老的傳說。據說船隻每行經此處就會聽到美麗又動人的歌聲，吸引著往來的船隻水手，掌舵的人若沒有把持住，則會讓船隻撞入岩石而沉沒，這就是羅雷萊之石。

　　羅雷萊之石就位在河道中央，此處暗流，礁石遍布，若沒小心翼翼，一個偏差，當然是船毀人亡。只是詩人海涅把這個現象，化成女妖作怪的經典故事，自然更能引起大家的注意力。

　　船隻到達碼頭的時間，一如德國人的精準，只要注意船票的開船時間，自然能得到下船碼頭的時刻，所以我們毫無誤差地在聖高爾雷斯豪森斯下船。

　　聖高爾雷斯豪森斯是個清靜的小鎮，主街上只有少數的商店，但是走起來卻十分舒服，我喜歡這種沒有太多觀光客的閒散，而且耳邊也不會有一群人呱噪刺耳的音量。

　　在這個清幽的小鎮，你會發現家家戶戶都種著美麗的花，任由爬藤類攻占住家，真是愛好自然美學的民族。

▲ 住家任由爬藤植物攀滿牆。

▲ 餐廳的創意招牌。

▲ 街角窗台美麗的花。

陌巷
牆上的斑駁
寫著歲月的故事
窗戶的玻璃
映著天空的灰藍
大門緊閉
藏著說不出的秘密

窄巷
細細的　慢慢的
流洩一股淡淡的　鄉愁
輕輕的　緩緩的
踏入這種茫茫的　未知

鐵軌又再次展現在我的眼前
遠方的雲霧飄盪著另一個誘惑
我背起行囊
踏上另一段旅程

▲ 呂德斯海姆火車站月台。

Kiel

Hamburg

Schwerin

Bremen

Berlin

Hannover

Potsdam

Magdeburg

Düsseldorf

Erfurt

Dresden

Frankfurt

Wiesbaden

Mainz

Saar-
brücken

Stuttgart

München

哼著旅行的曲，在南日耳曼

第四樂章
法蘭克福
協奏曲

▲ 歐元大廈前歐元的
貨幣符號。

第一小節
中央車站會迷路

▲ 簡潔、寬敞的法蘭克福機場。

從台北出發，前往德國的第一站，就是法蘭克福（Frankfurt）。一下飛機要進入機場大廳，必須搭乘專用的機場輕鐵（Skytrain）。然而我被似英文但不是英文的德文給弄得心慌慌。還好，靜下心來還是可以找到要出境的位置，然後拿行李，又是一番折騰，只能說機場太大了。

法蘭克福是全歐洲的轉運樞紐之一，有著比台灣大好幾倍的機場跟車站。剛到的我有如鄉巴佬，抬頭看著繁忙錯雜的交通線，真的是一頭霧水，分不清左右。

還好，以往有自助出國玩的經驗，訓練了一些基本功，不然可要淚灑機場了。

簡潔、明亮、寬敞，是機場大廳給人的第一印象。大大的採光罩，節省了電燈電源的浪費，德國人對於環保的意識真的是落實到生活裡。接著

▲ 有著綠建築的機場採光罩，讓機場充滿自然光。

就看到了大大的 「M」，說真的，在異鄉看到麥當勞，我有種他鄉遇故知的激動。

我跟著指示標誌來到地下室，在這裡要把台灣買的「德鐵 DB 通行證」蓋章才能使用，然後在你決定使用的那天再寫上日期即可。

辦好手續，跟著指標來到了機場的鐵路大廳，這也是跟機場一樣的設計風格，讓人感受到一股清爽的大器，就算人來人往，一點也感受不到吵雜擁擠。

▲ 機場轉運線，一下機就按照指示搭乘要前往的地方，這輛是要到機場大廳的。

▲ 德鐵 DB 的櫃檯。

▲ 鋼條跟採光罩讓車站有了現代感。

　　來到月台，抬頭看指標，指示方向；左右看訊息板，找尋所要的資訊；再不然，機場、車站附近搜尋一下，一定可以找到大大的「i」，那是旅遊詢問處，你可以在那裡得到十分詳盡的答案。

　　出門在外，就要有開口的勇氣，就算是「普攏共」的英文，德國人也

▲ 我的火車來了，準備前往法蘭克福的中央車站，心情持續亢奮中。

會很專注地幫你解決問題，雖然他們的表情略帶嚴肅，但是心意是足夠的。

找到要搭的火車，來到指定的月台，看著慢慢進站的列車，情緒是很激動的，畢竟來德國是我夢想已久，如今踏上此地看著處處比台灣先進的建設，德國被稱為精緻工業大國，的確有我們學習的地方。

跟著列車平穩地駛入市區，然後停在中央車站月台，眼前的一幕，令人瞠目結舌：四十幾個月台一字排開，壯觀得有如閱兵典禮的盛況。我揹著行囊，動作遲緩地穿梭在上班趕路的人群中，一如暴風雨中的落葉，一會兒東一會兒西，這樣像是電影情節般的落難畫面，此刻正上演著。

好不容易，終於走到車站大廳，找到詢問處，問到旅館的位置，這才走出了中央車站。

法蘭克福中央車站（Frankfurt HBF）附近，有著很多的商務旅館，提供較一般飯店便宜的食宿，如果不想精省旅費而遠離市區，這是很好的選擇。

還有，站在寬闊如足球場的車站，對於方位、東南西北要很有概念，這樣才不會像隻無頭蒼蠅，團團轉地找個不停。

▲ 中央車站，多的是帥哥美女。

▲ 法蘭克福中央車站的正門。

　　法蘭克福的中央車站，不分白天與黑夜，時刻不斷吞吐著來來往往的人。有為生活打拚的人，有為人生奮鬥的人，有為擴展眼界、探求新世界的人……，形形色色，一個車站，到處上演著不一樣的人生情節。

▲ 夜色中的法蘭克福中央車站。

哼著旅行的曲，在南日耳曼

▲ 法蘭克福中央車站多數門口之一。

▲ 這個行李輸送帶，只要把行李放上就會自動託運行李，實在很方便。

① 如果說法蘭克福機場是歐洲的交通樞紐，那麼法蘭克福的中央車站就如同是德國的心臟。東西德還未統一之前，德鐵 DB 的總部就設在這裡。

中央車站小檔案

貼心小提醒

① 從機場前往中央車站，須在機場第一航廈的地下一樓搭乘，若持有德鐵 DB 通行證，也是在此德鐵 DB 櫃檯蓋好章才可以搭乘。

② 法蘭克福中央車站在德鐵 DB 的站名是「Frankfurt (Main) Hbf」，法蘭克福機場車站則是「Frankfurt (M) Flughafen」，在做旅行規畫時要特別留意。

第二小節
異國美食不放過

▲ 這樣滿滿的一整排豐富的餐點，看了就有飽足感。

由於位在歐洲的中心位置，法蘭克福很快就成為世界各國人種匯集處。

每天熙來攘往的商務人士跟旅客絡繹不絕，在大城市討生活不易，關於「食」這檔事，當然是民生第一要解決的問題。

因此，各國美食競相在此插旗據地，希望能受到米其林星星的青睞，那就是人生最高的榮耀了。所以，在此一定要吃吃世界各國的美食，才算不虛此行。

▲ 這是墨西哥烤餅，跟披薩很像，但是口感更香脆些，上面的肉醬很夠味。

▲ 連氣泡水都這麼有氣質，這是當地有名的庭園餐廳。

　　來到法蘭克福，滿街飄散著各種氣味，你甚至可以由香味跟店內高談闊論的氣氛來推測出餐廳的水平，然後選一家你喜歡的裝潢，大方地走近領位台，告訴對方你的需求，順便請侍者推薦該店的招牌，這樣你就可以好好享用一餐。

　　如果該店有不方便接待的地方，他們也會很客氣地拒絕你，不至於讓你感到難堪。至於價格部分，只要不是美食節目介紹的，一般都是我們可以接受的價位。

▲ 這道純德式的煮牛肉，使用極少的佐料，純粹是品嘗肉的鮮嫩。

▲ 香煎魚排，是美茵河畔的必點。

▲ 奧地利酥炸魚柳。

▶ 馬鈴薯可以如此處理，香煎到皮
脆餡軟，停不下口。

在此建議看官們，雖然走訪美食節目推薦或是旅遊書上必吃的餐廳，似乎是旅行的準則之一，但有些巷弄間的美味，你可能就錯過了。倒不如你自己來成為美食搜尋家，這樣的旅遊樂趣會比你找也找不到推薦的餐廳，或是吃了並非如想像來得好。

還有，坐的位置，也會決定您對美食的觀感，戶外比室內棒，靠窗又比靠牆好，最好不要被領位到廁所的出入口，因為……這個大家都知道吧！若是這樣，假如餐廳還有其他座位，您可以告知服務員，千萬不要自己換位置。

▲ 薄薄的豬肉片配搭地中海特色的醬料，酸度剛剛好。

　　此外，用餐時若有餐具掉落，也不要自己撿，等侍者來時，再用眼神知會他。還有在德國，小費要不要給取決於你，若是侍者給你很愉悅的用餐心情，你當然也要大方一些給些小費，對他們來說就是最大的鼓勵。

▲ 巴伐利亞式魚肉丸子。

▲ 這道中南美洲的燒烤肉，味道特殊，肉質口感酥脆。

▲ 標準的德式香腸，煮的、烤的、煎的，各有特色跟味道。

第三小節
紅燈特區羞羞走

舉凡大城市必有些特殊的行業藏身其中，但是像紅燈區這類的，通常都會躲在陋巷暗街之中，哪像法蘭克福這般公然就在大馬路邊上，完全沒有特別的管制。雖沒有張燈結綵那樣大肆嚷嚷，但距離中央車站不到幾分鐘的步行時間，正當我抬頭隨意遊走，赫然發現我已身在其中了。

若不是迎面而來的人看向我的眼神有些奇怪，不然我還傻傻地逛大街呢！

說也奇怪，明明每棟建築都如此的宏偉壯觀，偏偏盡是暗藏春色。

漸漸我看出不同了，有著特種

▶ 紅燈區特有的顏色建築。

▲ 這是紅燈區的裝置藝術還是廣告招牌。

經營的大樓，明顯地，會用紅色系列的磚牆來展示，甚至還有些特有的幽默擺放其間。

這可真是大開我眼界，原來特種行業也可以如此高調地經營，既不影響市容，又能有如此風格的規劃，德國與眾不同的地方，我又認識多一些了。

這麼特別的紅燈區，如果不是特有需求，白天的時間來走走看看，真的有不一樣的感受！

▲ 每個陽台的模特兒，姿體動作都極盡挑逗之能事。

▲ 紅色窗戶，用意十分明顯，等到細看才發現的確是紅燈區的標準。

▲ 牆上攀爬著蜘蛛人，做出偷窺的樣子，
　十分有趣。

第四小節
羅馬人丘暫停留

▲ 法蘭克福市政廳。

在很久以前，一群有身分地位又德高望重的人聚在一起互相推選，選出領導人，然後這個領導人就開始治理國家，直到下一次再推選出其他人才更換領導人。這樣類似民主制度的推舉模式，就出現在當時的羅馬帝國。

神聖羅馬帝國時代的日耳曼民族非常遵守傳統，他們在德意志帝國時仍然循此模式，一群選帝侯（具有當皇帝身分的）聚在皇帝大教堂選出皇帝，然後再到市政廳中的帝王廳慶祝。

這時，位在市政廳前的廣場中央，那個一手持劍一手持天平的正義女神雕像下方的噴水池，會流出滿滿的葡萄酒，讓全城民眾狂歡慶祝。

廣場建在一個低緩的山丘上，所以高高低低的地形，配上羅馬建築中特有的石磚路，周圍再被一群有著中世紀時期日耳曼民族中部地區特有的建築所圍繞，身在其中，彷彿掉入時光機的洪流回到了中世紀。

其中最明顯的是由三座山牆式建築構成的市政廳，也因為正中的那棟曾是羅馬商人所有，所以此處就以「羅馬人之丘」為名。

廣場位在法蘭克福的老城區中，從中央車站步行或是搭乘隨上隨下的觀光巴士^{註一}很快就能到達此處。

來到此地，我也化身古代人，感受一下這碩果僅存的中世紀氛圍。

來到羅馬人之丘，有個重要的教堂是一定要去朝拜的，就是皇帝大教堂。原名是聖巴洛謬思教堂（St. Bartholomaus），是為了紀念耶穌十二門徒之一的聖巴洛謬思而建。這棟偉大的皇帝大教堂很有來頭：根據神聖羅馬帝國皇帝的詔書，明

▲ 廣場中心噴泉。

▲ 正義女神雕像。

註一

隨上隨下觀光巴士（Hop-On Hop-Off），可以上網查詢路線、時間與價格：

http://www.ets-frankfurt.de/de/service/
http://sightseeing/hop-on-hop-off.html
http://www.citytour-frankfurt.com
http://www.citysightseeing-frankfurt.com

市區散步行程（Daily City Walk），可以在市政廳遊客中心報名：

http://www.frankfurt-tourismus.de

▲ 舊時羅馬商人的宅第。

▲ 充滿色彩的巴伐利亞式建築。

▲ 皇帝大教堂。

文規定皇帝必須由七個選帝侯（三個教會諸侯、四個世俗諸侯）選出，而選擇的地點就在此教堂。西元十六世紀，這裡更成為帝國皇帝舉辦加冕儀式的地方。

這裡有個小小的插曲，當我推門進到教堂，正要拿起相機拍照時，當下，裡面衝出一個金髮碧眼的帥哥，口氣暴躁、雙手舉起向我揮舞。由於他的神情太猙獰了，我當場又弄不清他的意圖，只好放下相機，面帶歉意地微笑請他好好說，於是他不耐煩地指指前方的奉獻箱，口中叨念不已。這我就懂了，於是掏出零錢放了進去，我想這樣應該就可以安然離開

吧？

沒想到，他居然拉著我要我點起一個蠟燭，然後虔誠地擺在供桌上。雖然我不是東正教，但我還是照做了，他老兄看到我把儀式做完居然跟我比了個大拇指，然後又指指我的相機，好像說我可以拍了，看著我拍好照，就微笑推門離開了。

這裡，我發現一個習慣上的差異，我們東方人進廟，很自然地會合掌膜拜，甚至點香擲筊，但我忘了在此地也是要如此虔誠。一場可大可小的風波，最後是微笑收場，這樣彼此也不會生芥蒂，更不會有無謂的衝突，這算是好的外交吧！

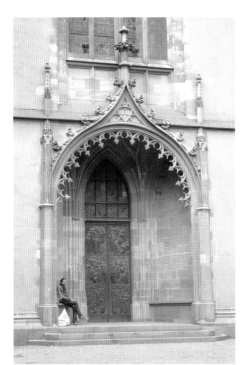

▲ 大教堂後門。

▲ 皇帝大教堂的奉獻處。

第五小節
歌德大街大血拼

照片中這個大大的「€」，就是歐元的代表符號，來到德國法蘭克福，一定要拜訪這個歐元的總部。符號後方就是歐元大廈，也就是歐洲中央銀行總部。這張照片就是要告訴大家，來去歌德大街（Goethostr.），歐元要充足啊！

「歌德大街」又被稱為「法蘭克福第五大道」，由此可知，你所知道的歐洲名牌精品，在此一律看得到。加上價格又比在台灣便宜很多，如果碰到換季折扣，那保證會買到彈丸用盡、血本無歸啊！

▲ 寬敞乾淨的大街，行人跟車子都懂得分寸，逛
起來愜意得很。

　　歌德大街因鄰近大文豪歌德
故居，所以以此命名。歌德是德
國人崇拜的浪漫派文人，他最有
名的一本書就是《少年維特的煩
惱》，這本有點半自傳式的書，
是我們青少年時期最朗朗上口
的，而歌德就是在此故居完成。

　　二次大戰，這裡遭受波及，
幾乎化為瓦礫，但是堅毅的德國
人從戰敗中站起來，並一一重建，
才有今日的繁榮。

▲ 被保留下來的舊城牆塔樓。

▲ 同樣也是採買大街的采爾大道（Zeil）。

▲ 大街上常有街頭藝人表演。

▲ 街區的聖母教堂剛好有管風琴表演，於是就
坐下來聆聽

▲ 聖母教堂的彩繪玻璃窗。

聆著旅行的曲，在南日耳曼

▲ 股票交易所的代表，牛市表上升行情，熊市表下降，難怪大家都跟牛拍照。

對於不愛採購的我，還是買了好些紀念品，其中就以朋友託買的百靈油和維他命發泡錠最多，的確，這裡比其他地區都還要便宜。

貼心小提醒

① 歌德大街是個購物天堂，所以逛街掃貨是必然的。至於價錢都是羊毛出在羊身上，強調品質格調的必不便宜，可以等百貨公司換季時前來採購。此外，歌德大街的遊客車水馬龍，所以財不露白，隨時注意周遭是一定的法則。

② 街頭表演則是要投錢，如果彩金箱遞到你的眼前，就意思意思地投些錢進去，不過我會建議坐在附近的露天咖啡館，一邊看表演，一邊喝咖啡休息。

第六小節
美茵河畔夜漫遊

▲ 遠眺鐵橋。

城市因人而聚集，城市也因河流而有了情感。美茵河（Main）作為法蘭克福這個德國大城的情感寄託，自然而然地將都市裡的人文景觀、建築美學、生活片段……，一一融入她的溫柔鄉。

尤其是夜晚的美茵河更是美得如月中仙子，令人流連忘返。如果來法蘭克福，務必要安排一個晚上的夜遊。

這裡有美茵河的遊船可以搭乘，你可以選擇順流或逆流（航程約五十分鐘），當然，你也可以買一百分鐘的船票，好好飽覽整個美茵河在法蘭克福最美的一段（從港口大樓到美茵廣場）。

中間會經過那最有名的鐵橋（Eiserner Steg），橋的建築是復古的新哥德式，橋上不時有街頭藝人表演，橋側則掛滿了愛情鎖（好像歐洲人很瘋這個，我在好多地方都有看到）。

▲ 美茵河畔適合仲夏夜晚來漫遊。

▲ 遠方就是歐元中央銀行。

▲ 遊船穿行在美茵河上，船上不時傳來熱鬧的舞曲音樂。

▲ 掛滿愛情鎖的橋欄杆。

▶ 鐵橋上面只能行人徒步。

▲ 藍色的大眾捷運。

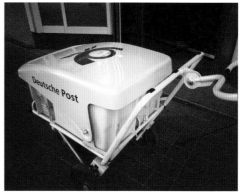

▲ 黃色的郵包車。

▲ 白色的賓士計程車。

▲ 德鐵 DB 自行車。

▲ 紅色的摩托車。

▲ 通往不同地方的鐵軌。

　　探訪都市的方法萬萬種，每種都會在腦海留下不可抹滅的痕跡。我喜歡用不一樣的方式來認識這個城市，你呢？你的選擇是什麼？

Kiel

Hamburg

Schwerin

Bremen

Berlin

Hannover

Potsdam

Magdeburg

Düsseldorf

Erfurt

Dresden

Wiesbaden

Mainz

Saar-
brücken

Stuttgart

München

Füssen

哼著旅行的曲，在南日耳曼

第五樂章
富森
小步舞曲

▲ 富森的街景。

第一小節
陽光璀璨的故鄉富森

▲ 富森用滿滿的陽光歡迎我。

離開法蘭克福，為了接下來的行程，我得揹著行李一路跋山涉水。

這段旅程，便利的火車系統並無法幫我到達，我必須轉搭巴士來連結。不過每年的四月到十月，德國政府為了方便旅客、振興觀光而推出羅曼蒂克大道專車。

這巴士專車行駛的路線的距離非常長，每天早上八點從法蘭克福跟富森（Füssen）各開一班，然後你可以依據自己的旅遊計畫下車遊覽、過夜，再搭車前往下一個景點。只要確定好自己的計畫，就可以上網去訂購車票了^{註一}。

這次我並沒有要專程走這浪漫大道，因為若按照巴士的速度，可能會影響我接下來的行程。因此我運用的是鐵、公路連線，這樣時間上比較精簡，也容易掌握。

一大清早，雨就如影隨形地跟著，幫我把行李加重了，這是不讓我走嗎？

恰好，我預計搭乘的火車改點了，但這樣來得及接下面的巴士嗎？

▲ 富森是個充滿顏色的小鎮。

▲ 富森是通往黑森林的要道。

我心裡有些著急，人生地不熟的。但是又想想，這不就是旅行給的考驗嗎？人生哪有可能事事順利、完全按照自己的意思走，重要的是，我用什麼態度在面對。

　　這樣一想開，我放慢了思緒，細細觀察著流動的畫面：趕上班的緊張神情、孩子上學的笑臉，候車室跟我一起等車的旅人；靜靜聽著各種我不熟悉的語調、列車進站出站的聲音；聞一聞這異國的味道……。時間就化為我旅行的印記，存放在腦海裡了。

▲ 充滿意象的鑄鐵招牌，一看就知道賣什麼。

註一
羅曼蒂克大道專車
（Romantische Strasse Europabus）：
https://www.romantischestrasse.de
https://www.romanticroadcoach.de

▲ 陽光跟著孩子的影子玩捉迷藏。

好不容易，終於踏出月台，
陽光像是不要錢似的，直往我身
上砸下，富森真熱情啊！有了陽
光的照撫，一切都美好了起來！
就連鑄鐵招牌的投影也這麼有吸
引力，讓人想推門一窺究竟。

富森真的是陽光璀璨的地方，
跟清晨陰鬱的雨不同，那種光潔
會讓人想跳舞、想奔跑、想嬉戲、
想唱歌⋯⋯。

▲ 光和水是小朋友的最愛。

▲ 在富森的街頭藝人，喜歡穿著當地的傳統服飾
　表演。

▲ 富森當地的小賭場。

▲ 坐下來休息一下，享受陰影帶來的涼意。

▲ 光跟影，合力玩起捉迷藏。

玩色
太陽跟我玩顏色
光譜放在調色盤上
動動手指
喀嚓一下
色彩就呈現出來了

相機如獵槍
喀嚓一聲
畫面捕捉到了
如飢的旅人
吃飽了
喝足了
行囊也豐收了

哼著旅行的曲，在南日耳曼

▲ 手繪餐廳牆面。

▲ 在富森，招牌不會太明顯，一定要走進才知道是什麼店。

富森這個美麗的小鎮，彷彿是為旅遊而生。一棟棟造型精巧的房子、一間間色彩繽紛的商店、一區區香味瀰漫的餐廳，似乎都是等著為此而來的遊客。

熱鬧有如節慶的氛圍久久不散，就像太陽一般癡情，直到深夜依然徘徊不去。

▲ 當地人推薦的餐廳「Rritterstuben」。

▲ 街上的流動冰淇淋攤販。

▲ 黑森林區喜歡搭配醃黃瓜的麵包。

富森
小檔案

①富森是羅曼蒂克大道的南方起點，所以要前往新舊
　天鵝堡，大多由此鎮開始。

①由於是交通要道，所以當地是個充滿人氣的小鎮。
　住宿的費用也比一般城市略高，建議選擇靠近車站
　的旅館比較好，因為富森也算是山城，若是太偏僻
　可能就要到山裡了，交通並不方便。

②各家飯店都有到新舊天鵝堡的車程表，可以事先在
　櫃檯訂購需要前往的車次。

貼心
小提醒

第二小節
童話世界新舊天鵝堡

這一切必須從早餐說起，在我來到德國之後，緊湊的行程一直讓我把早餐當刷牙般，只是例行的公式。

直到抵達富森後，這麼優雅的歐陸早餐，我終於享受到了。

清晨的陽光，靜靜地穿透薄紗窗簾，涼爽的微風跟著大開的窗戶，吹得人心曠神怡，然後那豐富的餐

▼ 新天鵝堡。

▲ 寬敞靜雅的用餐環境。

點，加上一人一壺花茶，最後再來杯香濃咖啡提神，這才像是在度假吧！

其實我入住的這家旅館，在富森來說算是一般，但是對照旅人羞澀的阮囊，這已算是很超值了。還有她的位置距離車站只要約十分鐘的路程，這樣對提著行李趕車的人也很輕鬆。

▲ 豐富美味的早餐。

▶ 這家旅館在櫃檯就為旅人準備清爽的飲料，接待人員也十分親切，入住的房間有中東的氛圍，洗浴間更是體貼到不行，很值得推薦。

▲ 陽光好燦爛啊。

　　溫度隨著光線入眼的強度愈來愈高，顏色鮮豔的程度直逼超高解析度。

　　今天我要造訪那有名的新天鵝堡（Schloss Neuschwanstein）。

　　只要有看過迪士尼的影片或玩過迪士尼樂園，勢必對當中的城堡印象深刻。聽說，她的城堡雛型就來自那山谷中神祕的新天鵝堡。

　　其實，古堡在歐洲大陸萬萬千，為何獨鍾這新天鵝堡？我個人的觀點應該是，這堡太有故事了，偏偏華德・迪士尼先生喜歡這種具有悲劇效果的題材，然後他老兄又有美國人那種天真的正直，說不定，他認為把古堡畫在他的影片上，或是

▲ 舊天鵝堡區巴伐利亞特色建築。

▲ 往舊天鵝堡的道路。

▶ 登山馬車招呼站。

在樂園實現堡主童年的心願，就是對逝者的一種敬意。

　　姑且不論我的想法對不對，但是華德先生的確幫新天鵝堡做了最棒的宣傳，每年為了一睹新天鵝堡的姿容，成千上萬的觀光客絡繹不絕，為她賺取豐厚的觀光收入。

　　在旅館問好搭乘接駁車到新天鵝堡的時間，我就前往車站去等候。這次入住的旅館也提供這個服務，所以一分錢一分服務，這真是不變的道理。

　　車子慢慢往山上前去，沿途山光水色景致真有如世外桃源般，但是接下來的情景，才真是叫人無奈又緊張。

　　「人山人海」，堪堪足以形容我見到的畫面，售票處的排隊人龍已經

▲ 購票大廳排得井井有條的人龍。

▲ 舊天鵝堡區的展覽館。

是一迴又一迴，真是此龍綿綿無絕期啊！我排在最外面，陽光的熱度更增加我的焦慮，隊伍行進的速度也令人煩躁不已。

雖是如此，但是旅客都安安靜靜地排著隊，除了少數吵鬧的孩童，實在看不出大家的情緒有多躁動。

這時，我身邊靠來一個人，操著一口標準的國語問我要不要跟他們一起買團體票，他可以幫我的忙。我原先以為是來騙錢的，但他說只要我願意，可以等拿到票再給錢，我半信半疑地答應他。

果然大約半小時，他就來到我們約定的地方，一手交錢一手拿票，然後他交代我們幾點要進堡，希望大家準時，因為大家暫作是同一團觀光客。原來他是當地的

▲ 遠眺舊天鵝堡。

留學生，而他有朋友也要參觀，但是
人龍太長了，他才一一找我們這些自
由行的散客，這樣不但可以排在人較
少的團體票口，然後還可以拿到比較
優惠的價格，他唯一的好處就是因為
是導遊，所以可以免費入場。這當然
是應該的，因為我既省了排隊的時間，
又拿到較好的票價。只能說，我們東方

人太會打算了。

　　好了，我還是言歸正傳，來說
說這天鵝堡傳奇的故事吧！故事要說
之前，得對歐洲歷史略知一二，天鵝
堡之所以被稱為天鵝堡，是因為當
地的傳說：當國家有難，正義的使者
就會出現，而出現時正是由天鵝拉著
船來的。所以巴伐利亞有好多天鵝的

堡，像是高天鵝堡、前天鵝堡、後天鵝堡。

　　故事的主角是個浪漫的傻子，他慈祥的父親蓋了舊天鵝岩城堡，讓傻子在此度過快樂的童年。但等到傻子長大接了王位，才發現自己的實力很差，無法行使他當國王的權力，所以愈來愈不快樂的他迷上音樂家瓦格納在戲劇裡所描述的中古世紀君王跟騎士的那種美好關係。

　　於是他將前、後天鵝堡炸毀，重新蓋了一間有著中古世紀風格的新天鵝堡，不過傻子就是傻子，為了自己天真爛漫的喜好，不但花光了積蓄，還到處借貸，負債累累，巴伐利亞政府沒辦法只好把他軟禁，最後連怎麼死的都不知道。

　　這位悲劇的國王就是路德維希二世，他用他那獨特的美感，以及有著藝術家纖細的靈魂，為這世人留下最美好的城堡。

　　舊天鵝堡又稱郝恩修瓦高城（Schloss Hohenschwangau），是由馬克西米連二世，也就是傻子的爸爸買下，重新修建。她的外觀是亮麗的萌黃色，有著中世紀的建築風格，角窗、迴廊、拱牆、塔樓，無一不是小巧精美，難怪路德維希二世會如此深深迷戀，難以忘懷。

▲ 平坦好走的階梯，可以感受建造者的貼心。

▲ 齒狀的塔樓。

▲ 多開窗的設計，讓城堡到處充滿陽光。

▲ 連圍牆都有著中東的調調。

▲ 從舊天鵝堡遠眺山下小鎮。

▲ 舊天鵝堡到處都有鐵椅供人休憩。

▲ 美麗的花讓城堡多了溫柔的顏色。

▲ 亮麗、溫馨是舊天鵝堡的特色。

▲ 舊天鵝堡精美的牆飾，令人讚嘆。

▲ 舊天鵝堡的窗櫺多變繁複。

▲ 從舊天鵝堡遠眺新天鵝堡，那美麗夢幻的城堡就在山腰處。

▲ 從上山的路上回看舊堡。

▶ 我們購買的是參觀新舊天鵝堡的
聯票，上面有進堡參觀的編號，
指示牌會顯示現在是哪些團體，
時間一到，看到你的團票編號，
刷票即可入內參觀。

由於室內的陳設不可拍照，所以
只好請看官們自己來參觀了。

我參觀完了舊天鵝堡，情緒還在
迴盪呢，前方的新天鵝堡已經在向我
招手了。

要到新天鵝堡可以選擇搭乘馬
車，上山較貴，下山較便宜。我是雙
腳萬能，當然是自己走上去，沿途還

可以慢慢拍個照。

接下來，我就看到路邊一個招
牌：「封橋修理」，這下可麻煩了。
因為那個橋是拍新天鵝堡最好的位
置，除非你能飛天，不然要拍下整個
新天鵝堡，站在橋上拍是最棒的，但
這下子只能留下遺憾了。

▲ 由四匹馬拉的馬車，可以搭載十多人。

▲ 新天鵝堡外觀。

▲ 純白的建築，在陽光下更顯壯麗。

▲ 堡內開闢出來的咖啡廳。

▲ 從新天鵝堡眺望湖面。

美麗的城堡、悲劇的主角，造就新天鵝堡超高的人氣，雖然我個人認為舊天鵝堡比較耐看。

但是，看了新天鵝堡裡面的設計風格，我還是很佩服路德維希二世，那種傾全力、不顧一切就是要完成的意志力，以及他那充滿創造、幻想，以及藝術家的美感，在在都讓參觀的人嘆為觀止。

而天才是會招忌的，年輕的國王最後鬱鬱而終，留下世人無限的唏噓。

▲ 新天鵝堡外插滿巴伐利亞邦各區的旗幟。

▲ 新天鵝堡塔樓。

▲ 遠眺新天鵝堡。

König Ludwig II.
und seine
Schlösser

▲ 路德維希二世。

貼心
小提醒

①新舊天鵝堡純屬參觀遊覽，所以城堡裡面並沒有值
得推薦的吃食，倒是戶外的庭園、小森林非常適合
野餐，當地人都是攜家帶眷，找個有樹蔭的地方，
鋪開毯子，一邊吃喝一邊欣賞，十分愜意。

第三小節
高處不勝寒的楚格峰

德國最高峰 —— 楚格峰（Zugspitze），標高 2962 公尺，屬於阿爾卑斯山系，終年冰雪不化，是德國滑雪勝地。夏天來到此地，大多是為了避暑。

一早我就趕到迦米許（Garmisch）去買車票，查看資料就知道要搭乘很多登山的車種。首先是在平原跑的三節小火車，接著換搭配備齒輪動力的登山火車，等到到達山腰就換上登山纜車。

▲▶ 平原登山車，不對號，可以自行挑選
　　位置坐。

▲ 中途得換上動力推進器。

▲ 介紹楚格峰的滑雪與登山路線。

哼著旅行的曲，在南日耳曼

▲ 遠方就是楚格峰了。

來到山腰車站，我們就要離開登山車改搭纜車。出站之後，我馬上感受到一股沁涼的溫度，身體很快就舒緩開了。藍色的天空，純潔地毫無污染，深吸一口，山上的氧氣像是會醉人一般，我的眼睛都瞇起來了。

這裡是楚格峰平台，位在楚格峰山腰處，海拔約 2600 公尺。平台十分遼闊，旅客可以在此 360 度環看整個楚格峰山頭。

平台有一小坡，攀爬一小段路，就來到最高的教堂，俯瞰而下，是灰石遍布的山頭，這裡曾是冰河流經的地方。等到霜雪一下，這裡又會換上雪衣，用冷峻來吸引滑雪的人潮。

▲ 進入隧道就開始慢速地爬山了。

▲ 楚格峰平台車站。

▲ 最高的山上教堂。

▲ 楚格峰指標。

▲ 從山頂教堂俯瞰。

▲ 一邊曬太陽，一邊吃冰棒，跟懷抱火爐吃西瓜有異曲同工之妙。

▲ 一群拿雙杖的登山客。

▲ 小型的滑雪板，可是有設計概念的，安全性很高，唯一缺點就是得自己拿上坡再滑下。

旁邊有一群登山客，穿著輕便，雙手拿雙杖，這是最流行的登山運動，我也好想嘗試一下。

沿著陡坡的側方擺放著滑雪板，可以讓人免費滑雪玩樂，這是山上少見有積雪的地方，大家都變成小孩，玩得不亦樂乎。

玩累了，還可以坐在平台的躺椅上，做什麼呢？曬太陽啊！人真的很複雜，來避暑，但是山上溫度又低，所以曬太陽增溫，很妙吧！

稍作休息，我也要搭登山纜車上峰頂了。這是一台可以載上五十幾人的大型纜車，速度快，高度高。一下

▲ 登山纜車的閘門。

▲ 一次可以搭載五十幾人的纜車。

▲ 坐在最高峰吃午餐，的確是很棒的經驗。

子，我就身在最頂峰，2962公尺，但還是比我們家玉山矮呢！

　　但是山頂的活動可多呢！你可以看博物館、買紀念品；可以繼續攀岩，鍛練體能；可以躺下來曬太陽，當然也可以來杯高山啤酒，邊喝邊欣賞風景。

▲ 山頂的維修人員。

▲ 楚格峰的最高點。

▲▶ 如果口袋不夠深，山頂還有十分平民的享受。

第四小節
仲夏精靈仙子艾比湖

▲ 從纜車上俯瞰那山中精靈——艾比湖。

　　楚格峰下方有個美麗的湖泊，傳說阿爾卑斯山的精靈常來此嬉戲玩水。此湖得天獨厚，縱然天冷如凍，依然湖水悠悠，清麗如鏡。

　　我搭乘較小型的纜車下降到高度約千呎的艾比湖（Eibsee），從纜車上鳥瞰整個楚格峰山谷，山的上方由禿禿的岩塊，慢慢換上綠油油的外衣，融雪線非常明顯。

　　來到艾比湖，避暑是主要目地，此時常可以看到帶著全家大小一起出遊度假的德國人。艾比

▲ 小型的纜車。

▲ 一白一綠分界明顯。

湖的湖水清澈、溫度宜人，常見年輕人嬉戲打鬧的歡笑聲此起彼落，一幅歡樂祥和的畫面真令人嚮往。

　　有度假的天堂，當然也要有美食來相伴，我從朋友口中得知，艾比湖上最棒的美味就是用當地清澈湖水養殖的魚類。湖上各家餐廳都有魚的料理，其中最有名的就是「Eibsee Pavillon」餐廳的奶油燉魚。

▲ 一幅世外桃源的靜謐。

▲ 一家人盛夏來此度假，孩子玩得不亦樂乎。

　　坐在清涼的帳篷下，吃著美食，看著湖光山色，這人間的享受也可直逼天堂吧！

▲ 戲水中的青少年。

▲ 餐廳大門。

哼著旅行的曲，在南日耳曼

▲ 啤酒。

▲ 奶油燉魚。

▲ 快樂用餐的一家人。

① eibsee pavillon 餐廳網址：

http://www.eibsee.de/wining-dining/?lang=en

https://www.tripadvisor.com.tw/Restaurant_Review-
g494944-d957494-Reviews-Eibsee_Pavillon-Grainau_
Upper_Bavaria_Bavaria.html

② 艾比湖的蜜蜂相當多，我為了驅趕牠們而被蜂針螫
了一口，請特別小心。

貼心
小提醒

Kiel

Hamburg

Schwerin

Bremen

Berlin

Hannover

Potsdam

Magdeburg

Düsseldorf

Erfurt

Dresden

Wiesbaden

Mainz

Saar-
brücken

Stuttgart

München

第六樂章
慕尼黑變奏曲

▲ 慕尼黑街頭廣告。

第一小節
黑白啤酒喝不完

▲ 黑麥跟小麥啤酒。

來到慕尼黑（München），怎能不喝喝啤酒呢？君不見，那每年一次的慕尼黑啤酒節，盛況空前，萬頭攢動，人手一杯，就是要喝啤酒。

啤酒究竟有何魅力讓人瘋狂至此？這就要說明一下，慕尼黑是德國巴伐利亞邦的首府，她的地理位置在德國南方富裕的黑森林區，越過邊境就是奧地利，自古就是豐饒之處，也是兵家必爭的戰略地。在如此的背景下，慕尼黑成為德國南方大城，人文

薈萃。但幾次的世界大戰和瘟疫卻讓慕尼黑飽受摧殘，人口銳減，百姓的生活一片低迷。

這時當地生產的啤酒花所釀造出來的啤酒，不但可以緩和傷痛，更讓人可以暫時忘卻煩惱，好好休養。每年秋季，小麥穀物已經收成，新釀的啤酒，爽口清甜，正是乾杯的好時節。

因此，十月所舉辦的慕尼黑啤酒節，已經是全世界皆知了。每年一到此時，飯店旅館一房難求，如果想要

哼著旅行的曲，在南日耳曼

▲ 清涼甘甜的現釀啤酒，怎麼喝都喝不膩。

▲ 在慕尼黑的市中心，有很多這類的小型旅舍，包吃簡單的早餐，離市區又近，交通也堪稱方便，對自助旅行的背包客算是便宜又大碗的了。

參加此盛會，應當早早計畫，提前預訂好房位，免得到時掃了興致。

在慕尼黑你可以喝到任何口味的啤酒，有黑麥釀的黑啤酒，味道醇厚；有裸麥釀的深褐色啤酒，氣味香濃；有小麥、大麥釀的金黃色啤酒，苦中帶甘；有蜂蜜、蘋果、葡萄釀的香味啤酒，甜香順口。當然還有國王喝的國王啤酒、淑女喝的淑女啤酒、生啤酒、淡啤酒……，琳瑯滿目，不一而足，唯有你親自來嘗試才能感受那啤酒帶給你的歡愉、開懷、大笑。

夏天慕尼黑的街上、樹下、陰涼處，你可以想到的地方，不

管白天或晚上，只要想喝啤酒，別客氣，找個位置，坐下來，自然就有新鮮清涼的啤酒送達，讓你一解暑熱。

我在德國的日子，幾乎啤酒不離口，在台灣可沒這麼豪邁過，實在很難想像。而且只要不鬧事，警察伯伯好像也沒在管。

我就曾看到一群年輕人拉著一整箱啤酒，走到哪喝到哪，瀟灑得很，一邊還嘻嘻鬧鬧地引人注目，但也沒看到警察過來，彷彿是很自由的國度，跟印象中一板一眼的德國人差很多，會不會是因為南方的日耳曼民族天性比較熱情呢？

▲ 一律大口喝酒，豪邁帥氣，連杯子也是巨無霸的。

▲ 路邊桌子椅子一排開，就可以來杯啤酒了。

▲ 金黃誘人的生啤酒。

▼ 盛夏來到德國，最棒的旅遊回
憶就是坐在樹蔭下，舉起清涼
甘甜的啤酒，跟好友暢飲。

①慕尼黑於西元 1158 年誕生，原意是「僧侶之地」。

②在西元 1505 年成為巴伐利亞邦的首府。

③西元十七世紀，三十年戰爭中慕尼黑飽受摧殘，直到路德維西一世在位時，大力建設，發展藝術人文，才將慕尼黑推上歐洲的文化中心。

④西元十九世紀到西元二十世紀，普法戰爭、第一次及第二次世界大戰，繁華的慕尼黑更是兵家必爭之地，密集的攻擊，讓慕尼黑滿目瘡痍，經過戰後重建，才有現在令人稱羨的面貌。

①由於德國政府發揮人道精神，也因地利之便，所以慕尼黑有很多中東地區的移民。在街上處處可見因信仰跟生活習慣的不同而發生的衝突，如非必要，請盡量用平和的眼光看待，也不要拿起手機或相機拍攝，以免造成不必要的麻煩。

②慕尼黑雖然生活水平很高，但是個人認為價位還是十分公道。好的東西若是有打折，真的可以買，物超所值。

③還有旅行者最怕的扒手，請多小心自己的隨身物品。

④在慕尼黑到處都有酒店、咖啡館賣酒，因此喝啤酒很自然，找個位置坐下來，自然就有侍者來詢問。啤酒的酒精濃度約在百分之 3 ～ 5 度左右，喝一杯應該還好。

第二小節
瑪莉恩廣場逛不完

瑪莉恩廣場（Marienplatz）位在慕尼黑的市中心，屬於舊城區，來到慕尼黑一定要安排一整天的行程在此閒逛。

圍繞著廣場有數不盡的教堂、博物館、德國傳統的特色精品店、餐廳、啤酒屋、百貨商店，還有令人瞠目結舌的食品市集。

我因行程的安排有三天的時間在慕尼黑，所以幾乎有一天半的時間都會在此留連。

瑪莉恩廣場，是個讓人忍不住就

▶ 瑪莉恩廣場上的新市政廳。

▲ 精美的手工藝品令人愛不釋手。

▲ 廣場上的人力車。

把錢給砸下的地方，不但商品精美不說，連價錢都十分合宜，對於物價原本就比歐洲其他城市高的慕尼黑來說，好多要送親友的禮物都是在此廣場購買的。

　　廣場占地十分寬敞，連結附近的卡爾廣場（Karlplatz）、考芬葛大街（Kaufinger Str.）的商店、百貨公司，簡直就是購物天堂。

　　逛街累了還有滿滿的路邊攤販、餐廳提供休憩。如果是假日，還會在路中擺起市集，更是熱鬧非凡。

▲ 考芬葛大街。

▲ 連門把都如此用心。

▲ 街上隨時可見歡愉的場面。

▲ 假日的慕尼黑，樹蔭之區一位難求。

假日的慕尼黑，全家出動的畫面非常多，大家習慣找個陰涼的地方，買個當地的小吃、傳統的蝴蝶脆餅、跟台灣不同的烤香腸、手指麵包，最後再來罐冰涼的啤酒，這樣一個午後時光就非常過癮了。

我入境隨俗，如法炮製，的確非常寫意自在。

▲ 玩水的地方多是水泥建築，也沒人抱怨太危險，全家一樣玩得很開心。

　　往瑪莉恩廣場的考芬葛大街上，有間聖米迦爾教堂（St. Michael）。外觀是醒目的紅白相襯的山牆式建築，非常搶眼，讓人忍不住想一窺究竟。

　　假日的瑪莉恩廣場上的教堂，只要沒有特別舉行什麼儀式，一般都會開放參觀。其中以老彼得教堂（Peterskirche）跟聖母教堂（Frauenkirche）最著名。聖母教堂是慕尼黑的地標之一，雙塔式的哥德式建築十分有象徵性。

　　聖母教堂距今已有五百年，外牆斑駁的石塊充分說明她的歷史，然而她的傳奇故事卻更令人好奇。

　　傳說惡魔曾強迫建築師要蓋一間沒有窗戶的教堂，但是教堂的窗戶是聖光降臨的地方，所以建築師犧牲自己的生命蓋了一個有著 66 公尺高的大窗戶，讓教堂內充滿陽光。唯獨一個地方照不到陽光，因為那裡曾經是惡魔站立的地方，所以有「惡魔的腳印」這個巨大的足印。

▲ 聖米迦爾教堂的外觀。

▲ 聖米迦爾教堂的大廳。

哼著旅行的曲，在南日耳曼

▲ 祝禱處。

▲ 聖台。

▲ 聖洗手台。　　　　　　　　　　▲ 聖經。

▲ 聖米迦爾教堂內部。

▲ 聖母教堂的大門。

▲ 聖母教堂的牆垣。

▲ 聖母教堂的大廳跟 66 公尺的大彩繪窗戶。

▲ 美麗的雕花鑄鐵。

▲ 傳說此鐘曾救了躲在其中的小孩。

哼著旅行的曲，在南日耳曼

▲ 新市政廳。

▲ 新市政廳牆邊的銅鑄神獸，用意在鎮壓妖魔，
　跟我們東方寺廟的屋頂神獸，有異曲同工之意。

　　順著考芬葛大街往下走就
到了瑪莉恩廣場中心，這裡最
有名的就是新市政廳（Neues
Rathaus），華麗的哥德樑柱、
巴洛克的裝潢，使得新市政廳成
為最美麗的建築物。中間的塔樓
會在每天的早上（11:00）、中午
（12:00）及下午（5:00）有精采
的機械娃娃報時表演，雙層的鐘
樓，上層演出貴族的婚禮場面，
下層則是日耳曼傳統民族舞蹈，
吸引著萬千旅客的注目。

▲ 瑪莉恩廣場地標。

▲ 新市政廳鑄鐵大門。

▶ 走過穿堂可以到中庭餐廳用餐。

▲ 廣場的噴水池成了約會碰面最好的地點。

　　新市政廳的中庭有好多家餐廳，我挑了一家歷史最優久的餐廳「Ratskeller」，她是一間中世紀裝潢、有著地窖的傳統餐廳，主要提供巴伐利亞傳統餐點，當然服務也讓我感到十分滿意。

　　由於夏天日曬強烈，我要求侍者幫我換了好幾次位置，他們都面帶微笑、熱情招呼，一點也不因人多而煩躁，而且誰負責哪一桌絕不會搞混，實在很值得我給他們小費。

　　坐在中庭，一邊用餐一邊還可以聽到塔樓的鐘聲，真是一舉兩得。

　　吃飽喝足，繼續逛街走透透，不管是傳統市集，還是精品店，到處都是消費者的天堂，我就這樣整整逛了一天，但直到天黑仍然意猶未盡啊。

　　瑪莉恩廣場，愈晚愈美麗，早上的面貌換上霓燈、LED 燈，路燈也開始執行任務，夜晚的瑪莉恩廣場，另有一番風情。

▲ 夜色慢慢籠罩的瑪莉恩廣場。

瑪莉恩廣場
小檔案

① 瑪莉恩廣場位在慕尼黑的市中心,所有參觀的景點,都是以她為中心放射而出,徒步即可到達。

② 新市政廳就在廣場上,有著最美的機械鐘表演,要留意整點表演時間。(11:00 AM、12:00 noon、5:00 PM)

① Ratskeller 餐廳的網址:
　 http://www.ratskeller.com/

貼心
小提醒

第三小節
香腸豬腳吃不完

▲ 皇家啤酒屋。

▲ 皇家啤酒屋大門。

▲ 皇家啤酒屋的標誌「HB」。

　　大家都說：來德國一定要吃香腸豬腳，沒吃不算到了德國；來到慕尼黑則一定要吃這兩家的香腸豬腳──「Hofbräuhaus」（皇家啤酒屋）和「Haxnbauer」（哈家）。為了能得償所願，我上午吃皇家，晚上吃哈家，這樣滿足自己的嘴，撐飽自己的胃，也算是厲害的啦！

　　中午時分，一走進皇家啤酒屋餐廳，就被極度高昂的樂音給吸引，節奏感十足的拍手聲，其中還夾雜著腳踏地板的震動聲，不由自主，我也跟

▲ 皇家啤酒屋內部的彩繪天花板。

著人群舞動起來了。

　　原來餐廳早已擠了滿滿穿著傳統服飾的客人，今天似乎是他們聚會的日子，我趕巧了，也跟著熱鬧一下。

　　這家餐廳從十六世紀開始釀製啤酒提供給貴族飲用，所以「Hofbräuhaus」就被稱為「皇家啤酒屋」。室內有著拱型的樑柱，上面及天花板彩繪著傳統的巴伐利亞圖案跟故事。

　　復古的垂燈、古樸的桌椅，以及一群穿著巴伐利亞傳統服飾

▲ 皇家啤酒屋內部的鑄鐵招牌。

哼著旅行的曲，在南日耳曼

▲ 皇家啤酒屋的菜單。

的客人，耳邊充斥著歡愉的民謠歌聲，就連菜單都顯得很「巴伐利亞」，今天我好像來到另一個時空。

看著菜單，上面滿滿的菜色，但最後我只點了白煮香腸跟烤豬腳。

這道毫不起眼的白煮香腸，味道卻出奇地好，皮脆肉香，加上店家特製的醬料，簡直就是人間極品，打破我對香腸的認知。

然後是最負盛名的烤豬腳，只見外皮酥得聽得到那「ㄕㄕ」的聲響，一切開，肉骨瞬間分離，肉汁的香味引得人食指大動，原

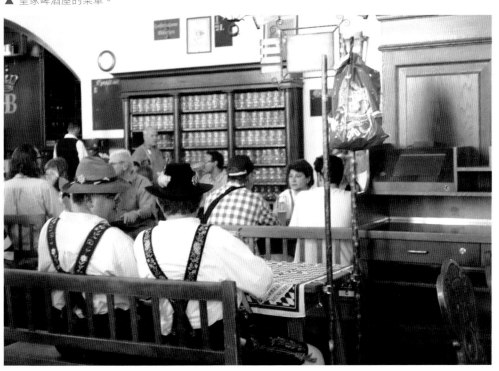

▲ 穿著巴伐利亞傳統服飾的人就坐在一群客人當中。

▲ 皇家啤酒屋必點的啤酒。

▲ 炸烤豬腳。

本對豬皮頂排斥的我，卻喜孜孜地啃著這香酥脆嫩的豬皮，這餐真的吃得肚皮發脹啊！

　　皇家啤酒屋，就在瑪莉恩廣場的附近，只要稍微詢問就可以找到她的位置，不然也可以到新市政廳一樓的旅遊中心去問去處。夜晚，是屬於哈家的，雖然我中午那樣狂吃，到現在還飽飽的，但是來慕尼黑不去哈家，這實在說不過去。

　　說真的，來德國還真的得有很強的消化系統，否則，只能望著美食興嘆啊！

　　晚上八點十分，天色慢慢暗下來了，但是瑪莉恩廣場依然熱鬧得很，流行音樂響遍整個廣場，年輕人三五成群玩著滑板、跳舞，更多的是飲酒聊天。但是一點也不令人害怕，彷彿這只是他們日常的生活情況。

▲ 這位老兄，打從我一坐下來，就越過椅背硬要跟我乾杯，但是我的餐點還沒到，只好跟他說抱歉。沒想到看到我的啤酒送到，他馬上舉杯跟我對飲，真的是十分有趣，旅行在外不常碰到這麼熱情的人，心情真好。

▲ 哈家餐廳的招牌。

　　我隨著流洩的音樂聲穿過廣場往東走，過了舊市政廳之後繼續走再左轉走個五十公尺左右就到了哈家。

　　從哈家的外觀，實在很難猜測她的歷史，但自我一走進，馬上就可以在燻黃的天花板、掛滿牆泛黃的照片、老式的四格窗，以及窗櫺上漆了又漆的厚重漆料，猜出她實際可能的年齡。

　　滿屋子漫溢著烤豬腳的味道，就連菜單也是如此宣告著她的光景是多麼豐富。但是，我實在被中午的豐盛給撐了，於是只點了

▲ 瑪莉恩廣場夜色。

▲ 哈家內部被烤豬腳的香氣已燻黃的天花板。

她最著名的烤豬腳。哈家的烤豬腳的確獨樹一格，她將豬腳浸泡在自製的醬汁中吸足味道，然後再放到掛爐上用櫸木碳來串烤，這油滋滋的肉汁就被鎖在皮裡，等到外皮焦黃到發出香氣，就可以上桌了。

我迫不及待地切開，爆滿的香氣迎面而來，肉汁更是溢流滿盤，這時就算不沾醬都能吃到滿口的肉香味。酥皮跟中午的皇家相比又是另一種風格，只能說各有所長，至於哪家最棒，實在只能自由心證了。

▲ 哈家的內部裝潢。

▲ 掛在爐火烤的豬腳。

▲ 前菜：煙燻鮭魚佐醃黃瓜。

▲ 濃湯：蕈菇濃湯配馬鈴薯。

▲ 香濃彈牙的烤豬腳。

① Haxnbauer 餐廳網址：

http://www.kuffler.de/en/haxnbauer.php

② Hofbräuhaus 餐廳網址：

http://www.hofbraeuhaus.de/en/index_en.html

餐廳
小檔案

第四小節
王宮博物館看不完

▲ 人力計程車充斥在博物館前。

　　整個巴伐利亞的精華就在王宮博物館（Residenzmuseum），而博物館的位置就是當時巴伐利亞國王的宮殿，只是經過二次大戰的洗禮，宮殿寶物幾乎付之一炬，但是德國人憑著堅毅、一絲不苟的精神重建她原來的風貌。

　　因此，在慕尼黑眾多的博物館中，王宮博物館的重要性就像我們的故宮，來慕尼黑一定要去參訪。博物館的位置在瑪莉恩廣場的後方，只要穿過廣場走個十來分鐘就可以看到，不然滿街趴趴走的人力車也是很好的選擇。

▲ 館內不可揹包包，但有寄物的地方。

▲ 走進大門，巴伐利亞國王的王
　冠就鑄在鐵門上，物是人非，
　時光更替，如今王者何在？

▲ 這裡是勇士柏修斯智擒蛇髮女妖的故事。耗費多時才修復好柏修斯，
接下的工程更複雜了。

哼著旅行的曲，在南日耳曼

▲ 貝殼的顏色褪了很多，可以想見當時的瑰麗。

王宮博物館原先就是巴伐利亞王國的宮殿，從她的展示空間仍可以看到當時國王與其家族的生活型態。第一個進入的展示廳，是國王為其母親所設計打造的。整個房間皆是由各種顏色的貝殼所剪黏，費工費時，造價高昂。在第二次大戰中被炸毀，到目前仍在修復中。此間房正中分三面，分別描述不同的希臘遠古傳奇故事，而它特殊的印度風格，據說是國王為了孝順母親而設計。

▲ 華麗精美的鑄鐵雕花門。

▲ 展現巴伐利亞王國豐饒的壁畫廳。

▲ 用材高貴的壁爐。

　　順著指標慢慢前進，一邊走著，一邊感受著王國的富饒奢靡。

　　走過幾個設計精巧的小廳，就來到家族的接待廳。此廳前後左右陳列著歷代巴伐利亞王公貴族的雕像，整座廳堂由昂貴的玫瑰斑紋大理石所砌成，把長長的接待廳裝飾得氣派恢弘，展現巴伐利亞王國的霸氣。其中前後壁爐精工鑲嵌貝石珠寶，極盡奢華。

　　此外，兩側純白的大理石雕像，雕工精湛，人物面貌栩栩如生。

▲ 純白大理石雕刻的美女橫臥像。

▲ 巴伐利亞王國家族成員塑像。

▲ 每一尊塑像都精雕細琢。

▲ 整座主廳是當時使臣晉見國王的地方。

▲ 人物雕像栩栩如生。

▲ 此廳展示歷代巴伐利亞國王與皇后、王子與公主的
　畫像。

▲ 此廳連結國王、皇后的起居室、寢宮。

▶ 此座人像廳，可以看到畫匠們的
　功力。

　　讚嘆完那奢侈的接待廳，順著指標，沿途一個個迴廊，連接小廳，也都是以富麗奢華的概念來裝飾。這對從小就勤儉持家的我來說，實在很難想像這得花多少精力、財力才能達到，難道人的待遇真的差這麼多。看來我得使出專業看面相的功力好好端詳這家族的群像。

　　人像廳，從牆頂掛到牆角，滿滿的巴伐利亞家族群像，真是富氣逼人啊！偶而看到幾個尖嘴猴腮的畫像，心裡就開始有些不以為然，這也能坐享大位。再仔細看看他的生平，果然不是早夭就是少年多勞，總之就是個短命的，無法享福。如果畫像可以擺上好幾個不同時期的，明顯相貌平順、富富泰泰的。至於紅顏的，不總是多薄命嗎？

好了，雖然在心裡嘻嘻呼呼叨唸個幾句，腳還是不停地往前方走去。正前方有音樂流洩出來，原來是王室的小音樂廳，小巧可愛，反而有種親切感，而且廳室的色澤溫潤，地板是用雙色菱形拼貼的仿編織法，比起前面幾個廳的金碧輝煌，她更顯得活潑多了。

接著從音樂廳的旁邊轉進一個彷彿不同世界的小廳，原來這是當時國王為了戰略的需要而跟中亞的鄂圖曼土耳其聯姻。小公主來自伊斯蘭地區，信仰必須要朝拜，所以王室特別請人設計了這個有點像是蒼穹的禱告室，讓新媳婦能夠解解思鄉之愁。

▲ 希臘勇士柏修斯砍下蛇妖女美杜莎的頭，此銅像原是花園裡的噴泉雕像，因為戰亂後重建被移來室內。

▲ 這個是海神波塞頓，也是從花園移來此處，兩尊是由不同材質雕塑而成。

▲ 這間是王室的音樂廳，造型小
巧精緻。

此廳室是鄂圖曼土耳其公主嫁入巴伐利亞時為其建造的廳室，從天花板的金色雕花、土耳其傳統的藍色，到彩繪的玻璃窗，以及地板的幾何拼花、牆上的神龕，可以看出十足的東方風格。彩繪玻璃也以婚姻的場面作設計，豪華精美。

▲ 這裡是交誼廳。

▲ 國王的座位。

　　想想異國聯姻，可憐生在帝王家的公主，長得美如天仙卻要嫁個糟老頭，真是不自由啊！如果自己的國家被滅，那就更沒有後台可以靠。這位鄂圖曼公主算是好的了，至少看得出夫家的極盡討好。

　　整個王宮博物館就像是巴伐利亞王國的寶藏庫一樣，人物畫像精美，宮殿內設計華麗繁複，建材施作更是民脂民膏。難怪《屋頂上的提琴手》裡那個馬夫唱著「If I were a rich man」，所以當巴伐利亞國王真的是最有錢的了。

　　從接待廳到中庭、從樓梯到迴廊、從起居室到寢室，無不顯現巴伐利亞王國的富庶，作工精巧，華

▲ 樂器室。

麗的巴洛克、洛可可的宮廷風，
整座博物館金碧輝煌，完全展現
當時王國的奢華。

　　慢慢走著，嘴裡哼著「If I
were a rich man」，彷彿我也能感
受那有錢的快感。只是看到修復
中的教堂，這又聯想到那些野心
分子，為了一逞私慾，發動戰爭，
結果可憐的還是那些安居樂業、

▲ 棋室。

▲ 巴伐利亞國王座椅。

哼著旅行的曲，在南日耳曼

▲ 此間是王室的教堂，仍在重建當中，將來定能重現當時的華麗莊嚴。

▲ 金碧輝煌、巧匠精工是博物館給我的印象，無怪乎有這麼多人爭破頭想當王，能夠享用如此巧奪天工的物品，實在是人生最大的願望。

▲ 寶物廳裡面是各邦國進貢的奇珍異寶，我還看到有中國的麻將呢！

善良無助的百姓，我還是不要做有錢人好了，我只要能健健康康、無憂無慮就好了。

　　王宮博物館十分大方，可以讓遊客盡情拍照，所以我可是不受控制地猛拍，館內還有貼心的語音導覽可以借用。在慕尼黑的眾多博物館中一定要來此，才能感受巴伐利亞王國的國庫富足。

▲ 純金鑄造的鐘座。

王宮博物館 小檔案

① 王宮博物館是舊時巴伐利亞君主的王宮，位於德國慕尼黑的市中心。

② 整座王宮建築群包括十個庭院和博物館，有 130 個展室。

③ 第二次世界大戰後重建王宮，屈維利埃劇院（Cuvilliés Theatre）就設於宴會廳的一翼。王宮內的赫拉克勒斯廳（Herkulessaal）為巴伐利亞廣播交響樂團主要的表演場地。

貼心 小提醒

① 建議參觀博物館最好安排在週日，因為所有博物館的門票只要 1 歐元，雖然可能會面臨到人擠人的情況，但對比平日，加上又要參觀那麼多的博物館，還是很值得的。

② 博物館禁止揹包包參觀，所以會有寄物處，不用擔心，有專人照看。

③ 參觀博物館時，不要帶入任何吃食，以免遇上被丟掉的尷尬情況。

第五小節
寧芬宮富裕花不完

▲ 寧芬宮的護城河。

▲ 寧芬宮的護城河橋。

　　早晨，帶點微霾，天似乎開朗不起來。還是寧芬宮（Schloss Nymphenburg）失了往日的風光，只能靜靜地等待遊客來訪。

　　寧芬宮位在慕尼黑市郊，在慕

尼黑火車站對面的巴士總站搭乘市區巴士（Tram 17），即可到達。市區巴士皆是低底盤、低噪音、兩節式的環保汽車，通行在市區跟郊區。

▲ 前方就是寧芬宮。

▲ 河道蜿蜒靜靜守護著寧芬宮。

　　沿著護城河兩側的綠蔭，寧芬宮眾多的建築群慢慢地展現在我眼前。寧芬宮是在西元1664年建造的，當時是為了慶祝剛出生的未來王儲馬克西米連二世而建。這位後來成為巴伐利亞王國中難得一見的英勇君王，曾為神聖羅馬帝國抵抗鄂圖曼土耳其帝國的進攻，保住西方基督教世界。因此，寧芬宮就成為了巴伐利亞選帝侯及國王的夏宮。

　　寧芬宮經過歷代不斷地擴建翻修，才有今日的規模，而富裕的巴伐利亞王國更使用巴洛克跟洛可可的奢華設計，增添寧芬宮的富麗與堂皇。

▲ 造型氣派的主建築，完美的對稱比例是巴洛克的風格。

第一眼看到寧芬宮的外表，我有點懷疑，畢竟我才見識過王宮博物館的富麗，怎會這寧芬宮低調至此。等待購票入內參觀時，我看了一下紀念品販賣處，雖然東西不多，但是製作十分精美，尤其有皇家徽章的更是高貴，這跟我們的紀念品區東西一大堆，但大多粗製濫造有著天壤之別，彷彿唯有如此精巧才能讓人細心收藏。

▲ 寧芬宮外的石像雕塑跟花園。

▲ 色彩豐富亮眼，底色用白，更彰顯顏色的多彩多姿，最後用洛可可鑲金線法，這樣繁複的精工，
　得用多少金錢跟時間堆砌啊。

▲ 室內大廳以繁複再繁複的裝飾來突顯王國的富有。

▲ 寧芬宮以天花板的蛋彩最引以為傲。

▲ 以現在的技術來看，鋪地板是很平常的事，但是在當時
可是創舉。

▲ 華麗的燭台吊燈。

哼著旅行的曲，在南日耳曼

　　走進寧芬宮內部廳室，我又迷醉了。精準的採光，讓光線在室內造成聖潔的視覺感受，而設計華麗的風格讓人了解財不露白之理。原來外表的低調，更能凸顯內在的豐腴，這設計者真的太有才了。此外，寧芬宮還有引以為傲的蛋彩繪畫藝術品。可以說從天花板開始就沒有偷工減料、沒有敷衍應付地一路華麗下去，這簡直是富在深山有人知的概念，單就這一部分就已經讓寧芬宮成為那時最具代表性的藝術宮殿之一。

▲ 寧芬宮從天花板、吊燈、壁飾、掛圖，到日常的生活用品、家具，就連牆壁都是用當時最貴的綢緞來黏貼，無一不精巧華貴，處處顯露帝王的享受。

▲ 這個房間大有來頭,是路德維西一世(就是路德維西二世的爺爺)所設計的。

讚嘆啊!歐洲有文藝復興讓美能夠不斷傳承下去,反觀我們的美學教養一直落在文理之後。這也難怪啦!我們的政府動不動就拆這挖那的,雖然這些年文俗傳承漸漸受到重視,但是沒有一個有遠見的領導者,事情總是虎頭蛇尾難以持續,而且美育也無法在義務教育中受到重視,有時甚至挪作主要學科的犧牲品。這才是讓人最擔憂的吧?

▲ 路德維西一世將當時各行各業最美的女子,上從王公貴族,下至歌伶美妓,總共選出一百名,繪製畫像,陳列在此,號稱百美圖。其中還有路德維西一世的初戀,摯愛跟情婦羅列在一起,這老兄也太好色了吧!

▲ 這間起居室是東方廳，四面牆壁皆是東方最精美的雲彩貝石鈿貼，作工細膩，工藝家的精湛手藝展露無遺，堪稱是最高貴的廳室。

▲ 通往帕戈登宮、巴登宮、阿馬林宮、瑪格德萊恩小屋，庭園深邃，各宮分別散布其間，走下來的確很費一番體能。

▲ 搭乘義大利式的貢多拉船來遊湖，是很有情趣的。這裡會有義大利威尼斯的玩意兒，主要原因也是當初的宮殿設計者就是義大利人，所以會有如此造景。

走在對稱完美的花園裡，看著悠哉悠哉的天鵝在水上游著，這樣寧靜的氛圍，應該是寧芬宮真正的功能吧！要在眾多的歐洲列強中求得一席之地、爭得富裕，卻又要能讓緊繃的情緒得以緩和，寧芬宮扮演的角色非常稱職。

寧芬宮只不過是維特斯巴赫家族的夏宮，但是舒適豪華的程度一點也不輸給當時神聖羅馬帝國皇帝的宮殿，只能說巴伐利亞王國太富裕了，難怪會引起各國的覬覦，最後留下路德維西二世的悲劇。

第六小節
BMW 體驗館玩不完

▲ BMW 最新車款，不知道台灣上市了沒。

　　德國工藝，令人讚嘆。擁有一輛經典的德國名車，應該是每個愛車人士夢寐以求的事吧！

　　說到德國車，我們最耳熟能詳的大概就是賓士跟 BMW 了。其中 BMW 的總部就設在慕尼黑，所以來到慕尼黑，不管你是否為愛車人士，來 BMW 博物館，一定會讓你增廣見聞、不虛此行。

　　要到 BMW 博物館，必須搭乘慕尼黑地鐵（U3）在 Olympiazentrum 站下，出地鐵站自然有明顯的指標告訴你 BMW 總部及博物館的方向。

　　BMW 的總部大樓，她的外型就像是汽車引擎裡的汽缸造型，從空中鳥瞰，四座建築物正好圍成 BMW 的標誌。而博物館就位在總部旁邊，是一棟有著流線型的展館，特殊的外牆建材，就像是汽車吸引人的外殼，在陽光下閃閃發光；橢圓形的主體建築十分前衛，好似未來世界。

▲ BMW 總部。

▲ BMW 博物館的造型。

▲ BMW X6 進階經典款，超油亮的烤漆色。

▲ 最新型的汽車噴射引擎，馬力強、低噪音。

▲ 不錯吧，隨便一輛坐起來都超有感的。

　　一進入博物館內，目光馬上被那一輛輛、閃著流光、造型新穎的車子給吸引住，之後再也離不開了（愛車控出現了）。

　　現場展示的車子，都歡迎參觀者試坐，有時也會有限量車款讓人試乘，真的是滿足了愛車人的想望。

▲ 超流線型的敞篷跑車，
連烤漆都是多層膜反光
的霧面漆，這種烤漆即
使颱風日曬，色漆一樣
有光澤，簡直是愛車人
的夢想。

▲ 最早的 BMW 從摩托車起家，然後再慢慢研發、跨足汽車市場。前二後一的車輪非常有特色。

哼著旅行的曲，在南日耳曼

▶ 這可是阿湯哥在《不可能的任務》中,隨他上山下海追逐、出任務的重機車款。

▲ 超高級的勞斯萊斯,手工打造的極致,也是他們旗下的精品。

▲▶ 從外型到內部，都是最新研發的科技，怎能不讚嘆人家的研究團隊是如何專精。

看到車子一輛比一輛還要酷，每一台就算排隊我也要試乘看看，體驗一下車子裡面的舒適程度與音響的品質。就這樣，整個下午，我坐足了癮。再到紀念品區逛逛，每樣東西都打上 BMW 的標誌，這是要人命嗎？最後衡量一下我的荷包，還是買了個保溫杯，鋼線精準的外型，再加上按壓鈕就是 BMW 的標誌，簡直讓人愛不釋手。

▲　這邊展館區是 MINI 系列，從早期到近期的研發，一步一步都可以看出研發團隊在其間的付出與成果。

◀　標準的三輪車。

▲ BMW 世界展示廳，整個展區十分有未來感，沿著展區的邊緣是個由低到高、再由高而低的環狀線橢圓環場步道，沿途有先進的解說鏡，讓你了解 BMW 的雄心壯志。

哼著旅行的曲，在南日耳曼

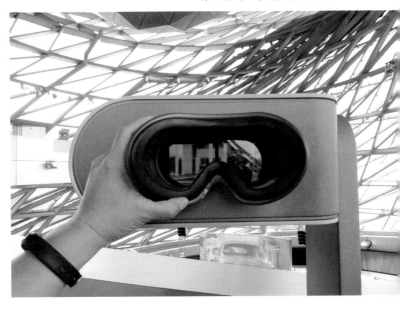

▲ 最新款的 MINI。

▶ BMW 仍不忘當時的
初衷，在這裡可以看
到摩托車的沿革。

　　在 BMW 博物館，你可以盡情翱
翔在車的世界裡。館內分區展出，有
最早起步的航太引擎區，接著有摩托
車區，然後 BMW 車系區、勞斯萊斯
車系區、MINI 車系區，還有因應電
影而研發的展示區。最後是 BMW 世
界區，裡面有 BMW 的現今與展望。

◀ 電動車充電區。

▲ 外場還有可愛的造型車展示。

① BMW 博物館：要門票，成人 10 歐元，兒童 7 歐元。
　 週一休館。

② BMW 世界：免費，可以看到最新型的車款。

③ 在 BMW 的紀念品區，東西雖貴但是質感很好，若
　 是愛車控，可以買些紀念品回來。

貼心
小提醒

Kiel

Hamburg

Schwerin

Bremen

Berlin

Hannover

Potsdam

Magdeburg

Düsseldorf

Erfurt

Dresden

Wiesbaden

Mainz

Rothenburg

Saar-
brücken

Stuttgart

München

哼著旅行的曲，在南日耳曼

第一小節
老城區小調

▲ 遠眺羅騰堡。

多日奔波　旅人的腳步沉重了
低垂著頭　腳下走的平坦道路
換成石磚　旅人抬起疲憊的頭
不遠前方　有著七色彩虹停駐
紅色瓦片　色彩繽紛的彩繪牆
簡直就像　童話故事中的城堡

　　德國境內旅遊熱區有著名的羅曼蒂克大道（Romantische Strasse）與古堡大道（Burgenstrasse），羅曼蒂克大道在南方，從新天鵝堡向北方垂直延伸到符茲堡（Würzburg），古堡大道則是從西邊的曼罕（Mannheim）往東橫走到布拉格（Prag）。羅騰堡（Rothenburg）正位於兩者的十字交會點上，不管你走的是浪漫大道還是古堡大道，羅騰堡一定是你下榻休息的地方。

　　我們在網站上查到一家民宿，位

在羅騰堡老城區中心，價格十分親民。接待的爺爺雖不會英語，但是對我們很親切。他的家很「德國」，完全符合我夢想的鄉村小屋，走上樓梯，階梯承受壓力所產生的嘎吱聲，讓人倍感新鮮。

我在羅騰堡車站下車後，打電話給爺爺，一陣雞同鴨講之後，過沒多久，爺爺就來接我們了。這裡要特別注意，羅騰堡有開車入堡的限制，除非你有老城內入住的証明，不然你得扛著行李慢慢地走進老城。

▲ 民宿爺爺。

▲ 這是羅騰堡民宿爺爺送我的明信片，他家的位置就在圖片右下方的小巷約三十公尺的距離。

放好行李，天色正明，適合放走（放開一切，慢慢走）。老城區特有的安閒步調，很適合我這種愛亂拍又喜歡亂走的個性。

老城區的建築群保留大戰前的景致，一般只做修繕，不再重建，所以可以看到的建築都很有歷史，怎麼拍都很有味道，而且好像一走進來，整個步調都跟著變慢，眼睛看到的畫面也特別有感覺。

老城區位在山丘的平緩處，所以走起路來高高低低，凹凸不一。石板拼的道路有著鄉村特有的曲調，旋律平和，高低起伏有韻味，雖沒有爬山走坡的喘急，但是一圈走下來也要花個兩個小時，再加上主街上販賣的可愛商品，沒有個幾小時，實在很難暢意。

走累了，老城區到處都是餐館，隨便找一家坐下來，都很有氣氛。只是現在也是德國的旅遊旺季，所以一到用餐時間，大部分都是滿座，得耐心等候一下。不然就是要趕早吃或是等晚一點吃，但以我的經驗來看，歐洲人很享受午餐時光，所以一旦坐下來，就會慢慢享用，你可能會等到天荒地老，再加上有些餐廳一到三點就暫休，所以最好還是早點用餐吧！

▲ 老城區中有特色的鑄鐵招牌。

▲ 這是只有老城區的建築物才有的風貌，傳統的巴伐利亞鄉村房舍，有著令人難忘、深色條紋的木樑，搭配顏色亮麗的外牆，再種上有生命活力的草花，這些有如童話般的情境，就呈現在眼前。

▲ 傳統的巴伐利亞鄉村房舍。

▲ 夏天就適合這淡淡的冰啤酒。

▲ 三色德國香腸，我比較偏好最右邊的白香腸。

　　用餐一定得搭配德國當地的啤酒，一是新鮮，二是解膩，由於每餐都是大塊吃肉、大口咬香腸，不喝啤酒真的很難壓肉味，三就是要入境隨俗了。君不見在德國，只要是餐館，人手一杯，有些餐廳不需要你說也會送上啤酒的酒單，不點人家還覺得你奇怪呢！不過光看啤酒透光的色澤，就讓人開始陶醉了。這家在小巷邊的餐廳「Hotel Roter Hahn」，生意特別好，點了兩道她們的招牌──三色香腸跟烤春雞，味道一般，但是卻吃光光，只能說走太累了，也等太久了。

▲ 街上不時都有藝人表演。

▲ 這樣溜小孩在台灣可是很危險的，但是小鎮好像不擔心這個。

貼心小提醒

① 出了車站，必須走上二十幾分鐘才能到達老城區。如果住宿在老城區，得跟飯店約好接洽時間才能入住；若是住在新城區，就得步行而入，因為當地政府對進出城區的車子管制很嚴格。

② Hotel Roter Hahn 餐廳網址：

https://www.roterhahn.com

第二小節
圍城牆舞曲

▲ 像卡通般的羅騰堡舊城區。

▶ 從塔樓往下看，舊城牆緊緊圈住老城區，好像要保護她似的。

　　來到羅騰堡，一定要爬上城垣，然後走一圈，你會有很多收穫。羅騰堡的城樓雖不復見，但是城牆依然保留下來，簡直就是個活歷史教材。城牆在大戰期間被炸彈炸毀，但是依照德國人精確的個性，整個城牆恢復得十分完整，除了一小段因應都市計畫而沒有串連，但是走在上面回味一下中世紀的古城牆還是很過癮。

爬上城牆的階梯要十分小心，因為她一階一階的高度比我們一般樓梯的高度還要再高些，腳抬得不夠高，很容易就會碰到摔倒。階梯的平面腳踩處也很窄，最好就是斜著身，橫著踩上去。

上了城牆的走道，凹凹凸凸的地面，走在其間，真的需要一些膽量，如果再加上她的離地高度，若是有懼高症者，最好就別走了，不然請緊靠牆壁，扶著走會安全些。

我一邊沿著城牆走一邊欣賞風景，不時就會有人迎面而來，這時窄窄的走道就不時上演著黏巴達舞步，一進一退，或是錯肩而過，不時還得面帶微笑、微鞠個躬，算是大家相識一場，跳了一曲很棒的交際舞。

這樣的經驗十分難得，所以來到羅騰堡請一定要爬上來體驗一下。

▲ 城牆的階梯又陡又高，爬起來膽顫心驚。

▲ 塔樓收費大叔的速寫。

繞著城牆走，慢慢就會來到城牆的最高點——塔樓。塔樓設有小型博物館，進塔樓要收門票，但是她不會在下方通告，只會在你爬上最高點後才收費。鄰近高塔的窗戶，你才有居高臨下、欲乘風而歸的感覺。從高塔往下看，一切盡收眼前，下方的屋舍像是玩具模型似的，造型小巧精緻。

◀ 圍牆像母親的雙手，守護著舊城區。

第三小節
市政廳舞步

▲ 羅騰堡市政廳。

來到羅騰堡的市政廳廣場，這裡可說是老城所有活動的起點：你可以繞城牆走一圈、可以當巡夜人夜遊老城區，還可以參加中世紀鬼之旅，詳情都可以在市政廳（Rathaus）旁邊的旅遊中心查問。

繞城牆是一定要的，若是參加巡夜人的夜遊，廣場當晚會有穿著中世紀服飾的領頭人，拿著當時巡夜的竹杖、燭台吊燈，然後大家就跟在後面巡遊老城，不時還要一起么喝一下。至於中世紀鬼之旅就要考驗膽量了，一樣是晚上出發，頭戴著白色的覆帽，然後只露出眼睛，跟著帶頭的人

▲ 廣場旁餐廳林立。

▲ 市政廳的大門。

▲ 鐘樓。

去體驗中世紀恐怖的傳說。

在廣場的一邊，有座鐘樓，每天的早上 11 點、下午 3 點、晚上 8 點與 10 點，都有人偶出來報時，內容演出十七世紀時羅騰堡的市長盧修，因為與敵軍的將領交涉，敵軍將領為了刁難他，提出如果可以一口氣喝下一桶葡萄酒，就放過他們。市長為了拯救羅騰堡，於是一口氣喝下 3.25 公升的葡萄酒，讓敵對的將軍心服，而放棄攻擊。

此外還可以參觀市政廳的博物館，裡面展出中世紀戰爭時的武器、槍、砲，以及士兵服飾、鐵甲、頭帽，還有地牢跟牢房裡犯人的生活用具。

▲ 市政廳的內部。

廣場十分寬闊，有很多人喜歡拿杯咖啡坐在市政廳前的階梯上，看著街頭藝人的表演，雖是夏季，但是羅騰堡出乎意外地涼爽，坐在廣場邊，一邊觀賞表演一邊吹著涼風，煞是寫意。

附近商家林立，其中又以各色的餐廳最為突出，要熱鬧的、要便宜的、要高雅的、要僻靜的，都可以在市政廳的附近找到。

走進市政廳，可以往旁邊的樓梯上到市政廳的中間塔樓，樓梯是迴旋式的，一層一層各有不同的功能，除了一、二樓還有行政人員在使用，三樓就是個開放的空間，可以在此舉辦展覽、座談會……，算是有多功能的用途。

▲ 路邊的小餐館。

在三樓可以看到市政廳的結構，木樑木柱，還是維修管理得很好，看不出這市政廳已經有百年歷史了。

上塔樓還要 2 歐元，但是塔頂有人數的限制，所以必須有人下樓才能登頂。

入口旁邊有個電腦監控器，可以從這裡了解自己是排在第幾位登樓。

登上樓可以俯瞰整個老城區，但是我覺得還是城牆上的塔樓視野比較好，所以你可以考量一下自己的需求決定要不要登頂。

▲ 陽光下的小巷。

其實，如果時間夠的話，建議大家最好能走走廣場旁邊的小巷，反正整個老城區並不大，而且呈現半封閉性，所以你怎麼亂走都不大會迷路。

小巷內有小巷的情調，基本上觀光客較大街上少，裡面的商家也比較有耐性，像我向他們詢問朋友託買的茶葉，他們還會很仔細地幫我尋找，然後用遺憾的神情跟我說抱歉。

小巷的商家也代賣郵票，還會為我貼好郵資，真的是十分體貼。

夏日的陽光很漫長，都已經是傍晚時分了，光線還是很燦燦，穿街走巷時，不時會聞到家常的香味，看來已經到了用餐時間了。

我慢慢尋找著餐廳，慢慢觀看光影在牆上的變化，顏色似乎黯淡了些，但是生活的色彩卻加多了。

旅行，可以開闊自己的視野、增加生命的廣度，但是若還能在其中有所領悟，那生命中的深度就慢慢累積出來了。

◀ 這是德國最有特色的紀念品，是專門用來喝啤酒的杯子，每個杯子的外表圖樣都不相同。

第八樂章
班貝格夜曲

◀ 班貝格教堂前的
小朋友。

第一小節
世界遺產——市政廳

▲ 雷格尼茲河。

一個被雷格尼茲河（Pegnitz）包圍如威尼斯的水鄉澤國，一個保留著大量中世紀紅瓦建築，一個充滿獨特魅力的小鎮，一個讓人念念不忘的地方，她就是班貝格（亦稱班堡）（Bamberg）。

旅行書上不太容易找到她，但是網路上卻有很多人推薦她的美。來到此地，就可以如此貼近地觀察一個純種的日耳曼小城堡，雖然我之前因為有羅騰堡的洗禮，這按快門的手有稍微收斂，但是，美不會因為我的克制就減少她吸引人的力道。所以，我又陷入無法取捨的困境。

終日奔騰不休的雷格尼茲河，充分給了班貝格溫柔鄉的條件。水道縱橫的結果，讓班貝格充滿生命的能量，處處是美景。中世紀的建築群更讓她獨樹一格，有別於羅騰堡的小巧可愛，讓人彷彿就是生活在此般的自然。

哼著旅行的曲，在南日耳曼

▲ 班貝格市政廳牆。

　　走進城區，映入眼簾的是那個充滿奇蹟的市政廳。被列入世界遺產的她有著傳統日耳曼建築的色彩，對稱完美的主體充分詮釋她當年的榮景，牆上的彩繪歷久不退，簡直就是歷史的活教材。

　　最神奇的是牆下那突出的天使大腿，充滿詼諧又有創意，日耳曼民族特有的幽默感，再次展現在我眼前，讓人驚豔。

◀ 突出牆邊的大腿。

市政廳旁的大鐘樓也是別具匠心，美麗繁複地令人咋舌。很難想像當年是哪位天才設計的，整個市政廳就這樣跨在河面上，鐘樓的下方是座橋，每個入城區的人都必須穿過此處，站在市政廳的陽台即可一目瞭然來者是誰。

▼ 班貝格鐘樓。

▲ 奔騰不止的雷格尼茲河。

▲ 在班貝格處處可見這樣美麗的大牆壁的彩繪。

◀ 在班貝格還能看到這樣
有著木櫺的房子，真的
要佩服德國人保存古建
築的用心。

班貝格也適合我這種
愛探險的個性，隨意的窄
小街巷、有特色的小店，
甚至一般民宅的窗戶，都
是鏡頭下的主角，這樣沒
有目的地漫走，實在是旅
行的最高境界。

▲ 西方的噴漆塗鴉也爬上老牆了。

▲ 拱型的大開窗，讓人難忘。

▲ 聖馬歇爾大教堂的觀光導覽車。

　　跟著小鎮的觀光遊覽車，慢慢地往山坡上走，另一個文化遺產──主教宮殿（Neue Residenz）就在前方。主教宮殿包括又稱主教教堂的聖馬歇爾大教堂（St. Michael's Church）和新、舊宮殿群以及空中花園。

　　作為古堡大道上的重要驛站，主教宮殿有她極為重要的地位，當時神聖羅馬帝國下令將整個日爾曼地區的主教與領主都必須在此完成授勳儀式，於是主教宮殿就成為皇帝與主教的權力中心。

▶ 班貝格的觀光車。

▲ 聖馬歇爾大教堂。

▲ 聖馬歇爾大教堂前的廣場。

▲ 主教宮殿廣場的圍牆。

▶ 主教宮殿的內部，
裡面有國王亨利二
世與皇后還有教宗
的棺槨。

▲ 作工繁複的廊柱和天穹、主祭壇跟造型華麗的管風琴，處處顯露著神聖羅馬帝國的威嚴。

▲ 傳統的日耳曼建築群已經經過好幾百年的歲月流逝,然而在陽光下依然燦爛奪目。

走在主教宮殿廣場,眼前是一片壯闊的新宮殿群,目前都還有政府人員在此工作上班。對面是巍峨的聖馬歇爾大教堂,裡面有著歷代皇帝跟主教的棺槨,說她是當地的政治中心實不為過。教堂的後方是舊宮殿(Alte Hofhaltung),但現在已經是作為旅館跟餐廳之用。

大廣場十分遼闊,鋪著石塊的地板更顯得廣場的大氣。其中不斷有觀光導覽車穿梭其間,但是我喜歡用腳走,觀光車跟我無緣。站在陽光灑下的廣場,那些曾經在電影中出現的中世紀廣場,現在就在我眼前展開,如果我穿著那中世紀村姑的服裝,就可以拉起裙擺在廣場轉個圈圈,一定很有看頭(有點被曬昏了)。

嗯嗯,還是回歸正常的旅人好了。慢慢地繞著大教堂走一圈,教堂正在維修,這次的南德之旅看到很多

▲ 沿著大教堂的後方走去，來到教堂的宮中花園，即可俯瞰或眺望整個班貝格，那標準的紅色屋瓦令人心動。

這樣的情況，可以說歐洲人很維護他們的文化遺產，這點很值得我們學習。

後方的舊宮殿有著中世紀的樸拙，改成旅館跟餐廳更是增添了很多可用性，這點又比我們往往任其荒廢來得正向許多。在舊宮殿附近還有一座美麗的空中花園，又稱玫瑰園。夏日，玫瑰並不耀眼，但是樹蔭下很吸引人，坐在涼椅往下望就是班貝格美麗的舊城區，樹間傳來的蟬鳴急如火，但是我納涼的心境靜如水。

能夠如此悠哉閒適，應該感謝的事太多了，不妨學學古人，謝謝老天吧！

▶ 舊宮殿已經換新身份，變成餐廳跟旅館。

▲▼ 這鑄鐵的把手，牢牢地嵌在台階上，時光流逝，雖然銹鐵如墨，光芒不在，但是越發散出濃濃的歷史味。

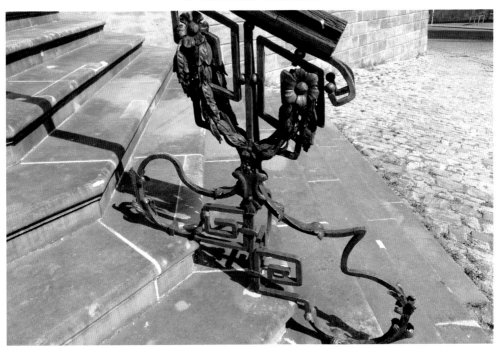

① 十大景點：

https://www.tripadvisor.com.tw/Attraction_
Review-g198395-d243391-Reviews-Neue_Residenz-
Bamberg_Upper_Franconia_Franconia_Bavaria.html

班貝格
小檔案

雷格尼茲河上的小威尼斯

▲ 雷格尼茲河上的觀光小渡輪。

◀ 小城裡，處處是年輕人自創品牌的活力，這家老闆極力推薦他自釀的啤酒。

盛夏時節的班貝格，有著雷格尼茲河的水流調節，陽光燦爛卻不急躁，是個比威尼斯還要威尼斯的地方。你可以背著小袋，漫步在雷格尼茲河的周遭，不管是購物還是觀光，吃、喝、玩、樂，一概不少。

就像台灣現在十分流行的文創玩意，在此有比德國一般的小城鎮來得發達，街上隨意走走，就有好些個性小舖，充滿創意的設計，顏色搭配得令人目不暇給。有些甚至不讓你拍照，畢竟這些都是人家的心血結晶，只能歡迎你親自來訪，才能感受到他們豐富創作力的世界。

▼ St. Martin 教堂前的小市集，歡迎大家來逛逛順便買買當地特色小吃，並找個樹蔭坐下來吃吃休息一下。

▲▼ 傳統的歐洲小鎮鑄鐵招牌在此地也是到處可見。

▲ 這家是用鐵片加上彩繪，製作造型可愛又逗趣的動物天堂。

哼著旅行的曲，在南日耳曼

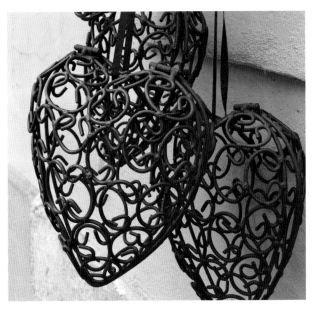

我的人生是彩色的，
我是花中仙子，
我穿著各式花朵的晚禮服，
來參加舞會，
請認真看著我身上的造型，
邀我回家，
與你共舞一生吧！

鐵線纏纏成我的心
　　如此糾結
　　心中有心
　　心有千千
　　全只因你

我畫，我畫
歡迎來到我的創作世界
我的世界不瘋狂
有的只是想像

我塗鴉，我塗鴉
我把想像畫出
做成明信片
只希望你把她珍藏

▲ 這家有著巴格達、一千零一夜、阿拉丁神話式的茶店，從外觀到內部裝潢都令我嘖嘖稱奇。就連店員
　奉上的紅茶、茶具，都與眾不同，有股異國的香甜。加上熱情的服務態度，害我只好下血本買了一盒。

▶ 他也累了，隨意坐下
來，都超有型。

▶ 騎自行車是最
　 悠哉的。

如威尼斯般，在班貝格水道縱橫的臨水人家，處處都有船舶渡口，往來很是方便。

就算無船可航行，也有大大小小的橋樑可以穿越。

坐船看橋上的行人，或是在橋上看著搭船的遊客，都是很有趣的畫面。

整個班貝格就是一個悠閒的代表，再不然也可以轉轉逛逛他們的博物館、圖書館、教堂，都十分賞心悅目。

▲ 來趟遊船之旅也不錯。

▲ 色彩是班貝格的專屬。

▲ 腳踏車是標準的活招牌，隨便拍拍都像是明信片。

午後，晃晃悠悠地
人都躲到咖啡館了
我，自由自在地
遊走在這百年小鎮

旅程要接近尾聲了
我離情依依
就連走路的腳步
也隨著遠處傳來的音樂聲
而流連不已

雷格尼茲河
小檔案

① 雷格尼茲河只是聶卡河
　（Neckar）的支流，班貝格
　在雷格尼茲河匯入聶卡河的
　會合處。

終曲：
忘不了，你的美

▲ 班貝格的露天咖啡館。

　　終於，來到了旅途的最後一刻，坐在咖啡館，檢視相機裡一張張畫面，腦海浮現的是旅程中的點點滴滴。

　　這趟旅程，給了我全新的看法，德國不再是刻版印象中那樣的無趣，反而是充滿豪邁、溫馨，甚至不拘小節。

　　或許是南方的日耳曼民族天生的浪漫，或許是啤酒的薰陶，或許是陽光太耀眼……，我該拋開既定的主觀認知，畫面裡的南德充滿著知性的美。

　　是否，也該計劃下一趟的北德之旅呢？因為這次旅行給了我太多的驚喜跟讚嘆，那北方呢？我很期待著。

▲ 若有所思的小朋友。

哼著旅行的曲，在南日耳曼

▲ 呂德斯海姆的公園坐椅。

豐收是心靈的富足，遺憾是不能多停留一些。

安可曲：
注意這些你會玩得更自在

▲ 羅騰堡的鑄鐵招牌。

食：

◎ 除非是旅行計畫中朝聖的餐廳，不然最好能融入當地的飲食文化，吃吃當地的庶民美食。這可以從每個地方的旅遊中心、飯店、旅館、民宿詢問得到。

◎ 德國屬於高所得國家，因此吃的費用不便宜，一般約在 10 ～ 20 歐元，想要吃便宜的也有快餐店，但若想要吃貴的就得要有心理準備，通常一個正餐下來，加上酒費，幾百歐元就飛了。

◎ 歐洲各國十分注重環保，罐裝飲料很貴，所以如果能夠自帶水瓶，就可以省到不少費用。

▲ 班貝格的玻璃工藝，用它裝水來喝，更覺甜美。

▲ 德國也有這種便宜又大碗的帆布鞋。

衣：

◎ 德國人的衣架子比東方人來得寬高，所以一般衣服必須選小尺碼才能買到合身的。

◎ 夏季的德國常有大折扣，在台灣知名的品牌如 Jack Wolfskin、Birkenstock、BREE 等，都有 5～7 折的優惠。

◀ 班貝格的民宿住起來特別有味道。

住：

◎ 在台灣最好就先訂好下榻的旅館或民宿，一來省了揹行李找房間的麻煩，二來不用帶太多錢（有些民宿只收現金）。

◎ 先在網站上比價並找交通方便的地區，然後看看入住過的評價，這樣可以事先預算出所需旅費。

◎ 建議可上「Hotel.com」或「Agoda.com」去選擇。

行：

◎ 不管到哪裡，首先要到旅遊中心拿一份地圖，一圖在手，無限安心。

◎ 入住的飯店旅館或民宿，出遊時一定要帶著他們的名片或住址，走失時可以詢問。

◎ 詢問對象最好為警察、安檢人員、門衛，或當地商家，切勿詢問行人。

◎ 德國國鐵網站：

https://www.bahn.com/i/view/GBR/en/index.shtml

◎ 萊茵河遊船公司：

① KD 遊船公司：

https://www.k-d.com/de/

② Roesslerlinie 遊船公司：

https://www.webwiki.de/roesslerlinie.de

◎ 慕尼黑地鐵：

https://www.mvg-mobil.de

https://www.mvv-muenchen.de

◎ 法蘭克福地鐵：

https://www.rmv.de

https://www.vgf-ffm.de

◎ 在德國自助旅行，搭乘火車最方便。如果要自己開車，就要準備國際駕照，此外，最好夥伴都要會開車，畢竟德國國土比台灣大，長途開下來會很吃力。

▲ 德鐵 DB 的票券。

▲ 有設計過的新潮咕咕鐘。

其他：

◎ 到德國短期（六個月內，90 天）可以不用簽證，但護照在入海關時，最好附上來回航班的機票、訂房紀錄，或是身分證、健保卡都可，這樣海關檢覈時會容易些。

◎ 德國的網路十分發達，入住的飯店基本都可上網。但是有些地區還是無法連網，可以在台灣先辦好漫遊，或是依個人使用量購買國際網路卡。

◎ 在德國對於小費沒有硬性規定，可以依個人判斷來決定給不給。

哼著旅行的曲，在南日耳曼

▲ 可以退稅的標誌，商家會貼在門口顯眼處。

◎ 德國的消費很高，所以除了吃、用外，購物單筆超過 25 歐元都可辦理退稅，跟店家要退稅單，填妥必要的資料，然後在機場 check-in 前，到海關櫃檯辦理即可。此外，最好將該退稅的貨品放置行李箱明顯處，有時海關會檢驗。然後就可以到附近提錢櫃檯領取現金或退至該筆刷卡的信用卡內。

▲ 法蘭克福的市區觀光巴士。

國家圖書館出版品預行編目資料

哼著旅行的曲，在南日耳曼 / 葉育青著
-- 初版 -- 臺北市：瑞蘭國際, 2017.01
256 面；17×23 公分 --（PLAY 達人系列；03）
ISBN：978-986-94052-0-1（平裝）
1. 旅遊 2. 德國
743.9   105022523

PLAY 達人系列 03

哼著旅行的曲，在南日耳曼

作者、攝影｜葉育青
責任編輯｜葉仲芸
校對｜葉育青、葉仲芸、王愿琦

封面設計｜余佳憓
版型設計、內文排版｜方皓承

董事長｜張暖彗・社長兼總編輯｜王愿琦・主編｜葉仲芸
編輯｜潘治婷・編輯｜紀珊・編輯｜林家如・編輯｜何映萱
設計部主任｜余佳憓
業務部副理｜楊米琪・業務部組長｜林湲洵・業務部專員｜張毓庭
編輯顧問｜こんどうともこ

法律顧問｜海灣國際法律事務所　呂錦峯律師

出版社｜瑞蘭國際有限公司・地址｜台北市大安區安和路一段 104 號 7 樓之一
電話｜(02)2700-4625・傳真｜(02)2700-4622・訂購專線｜(02)2700-4625
劃撥帳號｜19914152 瑞蘭國際有限公司・瑞蘭網路書城｜www.genki-japan.com.tw

總經銷｜聯合發行股份有限公司・電話｜(02)2917-8022、2917-8042
傳真｜(02)2915-6275、2915-7212・印刷｜宗祐印刷有限公司
出版日期｜2017 年 01 月初版 1 刷・定價｜380 元・ISBN｜978-986-94052-0-1